零售业竞争力

RETAIL COMPETITIVENESS
BASED ON THE RESEARCH OF
THE INNER MONGOLIA AUTONOMOUS REGION

——基于内蒙古自治区的研究

李长坤◎著

本书由内蒙古自治区高等学校“创新团队发展计划”农产品流通创新团队资助

经济管理出版社
ECONOMY & MANAGEMENT PUBLISHING HOUSE

图书在版编目（CIP）数据

零售业竞争力——基于内蒙古自治区的研究/李长坤著. —北京：经济管理出版社，2019.6

ISBN 978-7-5096-6591-6

Ⅰ.①零… Ⅱ.①李… Ⅲ.①零售业—商业经营—研究—内蒙古 Ⅳ.①F724.2

中国版本图书馆 CIP 数据核字(2019)第 089094 号

组稿编辑：王光艳
责任编辑：许 艳
责任印制：黄章平
责任校对：张晓燕

出版发行：经济管理出版社
（北京市海淀区北蜂窝 8 号中雅大厦 A 座 11 层 100038）
网 址：www. E-mp. com. cn
电 话：（010）51915602
印 刷：北京晨旭印刷厂
经 销：新华书店
开 本：720mm×1000mm/16
印 张：11
字 数：128 千字
版 次：2019 年 7 月第 1 版 2019 年 7 月第 1 次印刷
书 号：ISBN 978-7-5096-6591-6
定 价：58.00 元

前　言

直接面对生产者与消费者的零售业，是连接生产与消费的纽带，与广大消费者的生活息息相关。零售业是国民经济的基础产业，而提升零售业竞争力有助于增加消费，改善产业结构，从而增强经济实力。提升零售业竞争力对经济的影响主要体现在以下三个方面：第一，通过提升零售业竞争力来带动地区总体经济的发展。消费作为带动经济发展的三个因素之一，随着经济结构的不断优化，对总体经济的带动作用越来越明显。零售业是最能带动消费的产业，零售业竞争力的提升有助于增加地区的最终消费，从而带动整体经济的快速发展。第二，零售业具有覆盖面广、进入壁垒低的特点，因此零售业能够提供大量的就业岗位，从而增加居民收入，以此带动经济的良性发展。第三，零售业的发展对于生产者与消费者都有重要的意义，对于生产者而言，零售业竞争力越强，则能销售越多的产品，从而生产者能够生产越多的产品，因此，零售业竞争力越强，对于地区制造业的带动作用就越强；对于消费者而言，零售业竞争力越强，则能够提供越多、越好的产品，从而增强消费者的消费满足感。

内蒙古作为资源大省，因资源而盛，也因资源而衰。第一产业和第二产业的快速发展在一定程度上挤占了零售业和其他产业的发展空间。过去几十年的发展实践表明，过度依赖传统能源而形成的产业格局是难以长久维持下去的，同时也会阻碍内蒙古经济的可持续发展。因此，如何在保持能源经济稳态的基础上开拓一条崭新的发展道路将成为接下来内蒙古经济发展的重点。随着内蒙古自治区经济的发展，零售业在自治区经济中的地位将越来越重要，而市场化程度的提高导致内蒙古自治区零售业的竞争压力越来越大，新的市场环境下如何评价与提升零售业竞争力将成为内蒙古自治区经济发展急需解决的问题。

本书第一章对零售业相关概念进行了界定，对产业竞争力、零售业竞争力以及零售业效率的相关理论进行了概述。第二章对内蒙古零售业的发展现状以及发展过程中存在的问题进行了分析。第三章和第四章在以往学者关于零售业竞争力评价体系的基础上建立了内蒙古自治区零售业竞争力的评价体系，该评价体系包括四个方面的指标，分别是反映产业规模的指标、反映发展潜力的指标、反映绩效的指标以及反映发展环境的指标，代入内蒙古自治区零售业2003～2017年的数据，运用因子分析法得到了内蒙古自治区零售业竞争力2003～2017年的量化结果。在此基础上，基于全国31个省（自治区、直辖市）数据对内蒙古自治区零售业竞争力水平进行了横向比较。第五章在对指标体系进行适当调整的基础上，运用因子分析法对内蒙古自治区12个盟市零售业竞争力进行实证分析。第六章基于钻石模型概括出影响零售业竞争力的因素，运用灰色关联法对9个影响因素进行深入研究，找出这些因素影响零售业发展的作用机理。第七章结合DEA对内蒙古自治区零售业运行效率进行评价，并据此提出改善建议，最终达到提高零售业竞争力水平的目的。第八章结合上述分析得出提升内蒙古自治区零售业竞争力水平的对策建议：充分发挥政府职能，优化产业政策；扩大零售业产业规模；加大零售信息技术的应用；大力发展物流产业；实施供应链管理，提高零售企业敏捷流通能力；积极引进和培养零售人才；选择适当的业态战略以及积极实施品牌发展战略。内蒙古自治区只有切实提高零售业的产业竞争力，在产业转型道路上迈出坚实的一步，才能逐步摆脱过度依赖能源而形成的产业格局，实现国民经济的全面发展。

目 录

第一章
相关概念与理论基础

一、零售业相关概念

（一）零售业的界定

研究零售业竞争力，首先必须明确零售业的范畴，清楚界定研究主体。百度百科对零售业的定义为：通过买卖形式将工农业生产者生产的产品直接售给居民作为生活消费用或售给社会集团供公共消费用的商品销售行业。从该定义可以看出，零售业作为连接生产者与消费者的载体，并不直接生产产品；零售业直接面对消费者，消费对象既可以是个人消费者，也可以是社会团体。该定义代表着目前人们对零售业的普遍认知，在人们的普遍认知中，零售就是去商店购买商品。在互联网高度发达的今天，零售业态越来越多样化，网络零售的兴起对传统零售业的冲击越来越大。网络零售减少了很多流通环节，零售商只需要经营一个网店就可以面对全国甚至全世界的消费者，在这样的背景下，不仅零售业可以作为生产者与消费者之间的流通环节，生产者也可以充当零售商直接将产品通过互联网卖给消费者。目前，国际上关于零售业最具代表性的定义是菲利普·科特勒在《市场营销原理》中的界定，他指出，所谓零售是将货物和服务直接出售给最终消费者的所有活动，这些最终消费者为了个人生活消费而不是商业用途消费。任何从事这种销售的组织，无论是生产者、批发者，还是零售商，都是在开展零售活动。在我国，学者们普遍将零售业定义为从事各种能够增加产品及服务附加价值的商业活动，并将产品及服务销售给消费者，以供其个人或家庭消费之用的行业，而零售商则是指将产品及服务销售给消费者作为个人及家庭消费的企业。因此，本书将零售业理解为以向个人或者集体消费者出售最终消费品及其附带的服务的产业。

目前，我国对零售业的业种分类主要有食品、纺织品、日用杂品等八大类。关于零售业态的分类则是根据国家标准化管理委员会于 2004 年 10 月 1 日起颁布实施的 GB/T18106—2004《零售业态分类》标准划分为 12 类有店铺零售业态和 5 类无店铺零售业态，共 17 种零售业态。

（二）零售业的特点

根据相关文献，结合国内外学者对零售业的定义，可以总结出零售业的主要特点：①零售业不只是销售实体商品，还包括附加服务。消费者购买商品时不只是获得了商品的使用价值，还可以获得销售商品附带的服务，如商品的售后服务等。②零售业的销售对象为消费者，包括但不限于个人消费者，还可以是社会团体。③零售业销售的商品是最终消费品，包括生活类和非生产类消费品。

二、产业竞争力的相关理论

（一）产业竞争力的内涵

随着世界经济一体化、知识经济进程的不断加深，关于“竞争力”的讨论已日渐引起各国政府、产业、企业及科研机构的关注。产业竞争力的强弱已成为衡量国家或地区经济水平高低的重要因素。各国、各地区经济发展水平、贸易条件、国民收入所表现出的种种差异，也与其各自的产业竞争力状况密切相关。

尽管到目前为止，“产业竞争力”一词在经济学界使用的频率很高，但尚无普遍公认的关于产业竞争力的明确定义。世界经济论坛和瑞士洛桑国际管理发展学院对产业竞争力的研究方法侧重于对国家整体经济实力进行综合比较，它们认为，产业竞争力指的是一国或地区某一产业整体的竞争力，即该产业以相对于他国或区域产业以更高生产力创造价值，使社会财富不断增值的能力。波特认为，产业竞争力是指一国特定产业通过在国际市场上销售其产品而反映出的生产率，国际竞争力归根结底就是各国同一产业或同类企业之间相互比较的生产力。波特指出，是否能够提高国民生活水平取决于生产率，而生产率是一个劳动或资本单位所产出的价值，它取决于产品的质量、性能和生产它的效率。波特还举出一些国家中有竞争力的产业，这些产业都是在国际市场上占有重要份额的产业。可见，波特说的国际竞争力指的就是一国特定产业通过在国际市场上销售其产品所反映出来的生产率。也就是说，市场营销和生产效率是检验产业国际竞争力的关键标准。林致远认为，产业竞争力指的是某个产业或行业应对市场竞争（含国内外同类产品与服务市场，国内外替代或相关产品与服务市场的竞争），并在竞争求得生存与发展的整体能力，其主要包括产业或行业的市场份额、产品与服务的质量、商业信誉、技术水平、管理水平、市场适应性等多方面的能力。

从以上对产业竞争力的研究可以看出，对产业而言，因其是一个集合概念，其竞争力必定是在不同地域间的比较，在不同地域间的比较就必定离不开区域或国际交换活动，而区域交换活动受区域分工规律的制约，因此产业竞争力必然体现为不同区域或不同国家、不同产业之间的各自相对竞争优势，即比较优势。产业国际竞争力研究的基本客观观测资料就是相关区域的特定产业产品（或服务）的国际市场占有率和盈利能力。从一个区域特定产业参与区域市场竞争的角度看，特定产业的竞争力就是该产业相对于区域外竞争对手的生产力高低。

因此，产业竞争力实质上可以定义为，某一产业或整体产业通过对生产要素和资源的高效配置及转换，稳定持续地生产出比竞争对手更多财富的能力，体现的是市场竞争中的比较关系，表现在市场上则是产品价格、成本、质量、服务、品牌和差异化等方面比竞争对手所具有的差异化能力。从区域分工理论背景出发，产业竞争力是指产业的出口和进口替代能力；从微观经济或管理学背景出发，产业竞争力是指该特定产业范围内所有企业的综合竞争力；从宏观经济研究背景出发，产业竞争力是指特定产业由各种宏观经济因素所决定的其在国际市场中的地位。产业竞争力不仅表现为市场竞争中现实的产业实力，而且还表现为可预见的未来发展潜力。

（二）比较优势理论

比较优势理论是最早阐述产业竞争力的理论，该理论认为，国际贸易的基础是生产技术的相对差别，以及由此产生的劳动生产率和生产成本的相对差别。处于优势的国家应集中生产优势较大的商品，处于劣势的国家应集中生产劣势较小的产品。两个国家分工专业化生产和出口其具有比较优势的商品，进口其处于比较劣势的商品，则两国都能从贸易中得到利益。

大卫·李嘉图的比较优势理论解释了处于劣势的国家也能从国际贸易中取得好处，并力图主张自由贸易，为以后大规模的国际贸易的产生奠定了理论基础。但是，它没有解释这种比较优势产生的原因。20 世纪初，俄国经济学家赫克歇尔和俄林发展了李嘉图的比较优势理论，提出了要素禀赋理论。该理论认为，要素禀赋丰富的国家该种生产要素的价格低，从而密集使用这一要素的产品的价格较低；而要素稀缺国家该种生产要素的价格高，密集使用这一要素生产的产品的价格就会较高。在自由贸易下，市场竞争的结果是实现最佳的国际分工，各个国家在国际分工中逐渐形成自己的优势产业，从而使这些产业与其他国家的产业相比具有更强的产业竞争力。

大卫·李嘉图的比较优势理论和赫克歇尔、俄林的要素禀赋理论都阐述了两个国家在生产不同产品时具有相对的比较优势，每个国家都生产自己优势较大的产品，进口生产优势较小的产品，从而都会形成自己相对其他地区更具有竞争力的产业，这种理论同样适合分析一个国家两个地区某一产业竞争力的强弱，每个地区在资源禀赋、发展环境等方面都存在着巨大的差异，同样会产生产业的比较优势。这种先天的禀赋差异也是导致不同地区相同的产业具有不同的竞争能力的一个重要因素。但是随着不同国家和地区资本、劳动力、资源等生产要素的自由流动，比较优势理论在阐述产业竞争力上，尤其是在阐述发展中国家和发达国家产业竞争力不同上还存在重大的缺陷，更不能很好地阐释一个国家不同地区相同产业具有不同竞争力的原因，这就催生了竞争优势理论。

（三）波特钻石模型

波特经过对许多国家的产业国际竞争力研究，给产业竞争力研究确定了一个经济分析的范式，他指出，区域竞争力集中体现在一个区域的产业竞争力上，即其产业在大市场中的竞争表现。他将决定一国特定产业国际竞争力的因素概括为产业生产要素，钻石条件，相关及支持产业，企业的战略、结构和同业竞争，产业发展机遇，政府产业政策行为六个方面，这六个方面就构成了著名的“钻石模型”。

1. 生产要素

波特认为，生产要素就是一国生产制作某一种产品时的投入，包括自然、人力、资本、基础设施等，波特进一步将生产要素分为低级要素与高级要素，低级要素主要是自然资源，如矿产、天气等先天资源，高级要素主要包括高智力人才、高新技术以及专业化生产设施等。波特认为，在初始发展阶段，低级要素可以给一个国家带来竞争优势，而随着高级生产要素的投入，这种竞争优势会越来越明显，例如，在不考虑高级生产要素投入的情况下，资源型地区总是能在竞争中取得优势。但是，波特认为，一国或者一个地区产业竞争力的提升，关键在于高级要素的培养，随着全球化程度不断加深，科学技术不断发展，低级要素在提升地区产业竞争力上的作用越来越小，高级要素的作用则越来越大，拥有高新技术、高素质人才的国家和地区在竞争中往往能取得竞争优势。

2. 钻石条件

钻石条件又称为需求条件，是指国内市场的需求。波特认为，钻石条件是构成产业竞争力的重要因素，国内市场严格的要求往往会使国内的产业更具产业竞争力。一国或一地区的内需不仅能够提升企业的运营效率，更重要的是，强大的内需往往伴随着对产品有高要求的消费者，这种高要求能够激励企业不断进行创新，使企业更具活力，进而使该国或地区的产业在地区竞争中更具竞争优势。

3. 相关及支持产业

相关及支持产业是产业竞争力的重要来源。其中，相关产业又可以称为互补产业，是指可以共用某种原材料或者某种生产设备，又或者是可以共用某种营销渠道的产业；支持产业则可以从产业链的角度来解释，支持产业是上游产业，其产品可以作为其他产业的原料，如棉花种植业是纺织业的支持产业。波特认为，产业的集聚能够产生集聚效应，评价产业竞争力的一个重要方面在于其是否能够带动相关产业的发展，而相关及支持产业也是该产业竞争力的重要来源。

4. 企业的战略、结构和同业竞争

波特认为，企业的战略、结构是否得当对其竞争力有重要的影响，企业的战略以及企业的结构只有与国家或地区的竞争优势相结合才能增强其竞争优势。同业竞争能够促使企业长久地保持活力，保持创新性，从而提高其生产率，使企业在竞争中取得更多的竞争优势。

5. 产业发展机遇

“机会事件”会打破原本的状态，提供新的竞争空间。这些事件使原本的竞争优势消失，创造出新环境，凡是能取代旧势力、满足新需求的生产者，都能获得现身的空间。引发机会的事件也会影响钻石体系各个关键要素本身的变化。机会具有外部性，不在可控范围内，但是机会对产业竞争力有巨大的影响，一个契机可能导致两国或地区在竞争中角色反转。

6. 政府产业政策行为

政府既可能是产业发展的推动力，也可能是产业发展的障碍。在产业创造竞争优势的过程中，评价政府的角色是正面的还是负面的，要看其对钻石体系的影响，它的意义也要根据公共政策的表现观察。波特强调，产业若要建立国家的竞争优势，必须先要善用产业生产要素，钻石条件，相关及支持产业以及企业的战略、结构和同业竞争这四大关键要素，加上机会、政府角色，彼此互动。通过这些关键要素，可以评价国家环境对产业竞争的可能效果，它们也会引导企业创造并保持自身的竞争优势。波特的这一分析范式比较全面地反映了产业竞争优势的主要来源，对产业竞争力研究做出了非常有价值的贡献，但它也不是完美无缺的，比如对于由企业自身发展所产生的竞争优势就很少涉及，而且波特所建立的模型用以解释发达国家产业的竞争优势可能更正确一些，但是用以解释发展中国家的产业竞争力可能会出现一些问题。因为对于不同的国家、不同的经济发展阶段，情况是不同的，分析范式就不能一成不变，在我国目前的发展阶段，体制因素的影响就非常大。

波特的“钻石模型”是一个动态的竞争优势理论，其四个主要因素和两个辅助因素是相互影响的一个有机整体。以往的竞争优势理论主要分析产业内部的微观因素，如要素禀赋等，波特不仅更加全面地分析了产业内部的微观因素，还结合了产业外部的宏微观因素，如政府的行为、企业的战略以及机会等偶然行为。相关学者以“钻石模型”为基础，在实证中验证了其合理性，“钻石模型”已经成为研究产业竞争力的理论基础。

（四）SCP 产业组织理论

哈佛学派在 SCP 分析框架的基础上，逐步形成了比较完整的产业组织理论体系。在 20 世纪 70 年代，美国将此理论严格地实施于反垄断政策中。哈佛学派首创了产业组织理论体系，这一理论体系由市场结构（Structure）、市场行为（Conduct）和市场绩效（Performance）这三个具有因果关系的要素构成，构造了一个既能深入具体环节又有系统逻辑体系的市场结构（Structure）—市场行为（Conduct）—市场绩效（Performance）的分析框架（以下简称 SCP 分析框架）。他们认为，市场结构决定企业行为，企业行为决定市场运作的经济绩效。因此，为了获得理想的市场绩效，最重要的是通过公共政策来调整和直接改善不合理的市场结构。由于哈佛学派将市场结构作为产业组织理论的分析重点，因此信奉哈佛学派理论的人通常也被称为“结构主义者”。

在哈佛学派的 SCP 分析框架中，产业组织理论由市场结构、市场行为、市场绩效这三个基本部分和政府的公共政策组成，其基本分析程序是按市场结构—市场行为—市场绩效—公共政策展开的。所谓市场结构，是指市场内竞争的激烈程度以及价格形成等产生战略性影响的市场组织的特征。决定市场结构的因素主要是市场集中度、产品差别化程度和进入壁垒的高低。市场行为是指企业在充分考虑市场的供求条件和与其他企业的关系的基础上，所采取的各种决策行为。具体包括企业的价格行为、广告行为、创新行为、兼并行为、协调行为等。市场绩效是指在一定的市场结构和市场行为条件下，市场运行的最终经济效果，主要从产业的资源配置效率、利润率水平、规模经济、技术进步状况等方面，直接或间接地对市场绩效优劣进行评价。如果按照这些评价标准判断市场绩效低下时，就需要对市场结构进行政策介入。

SCP 理论较为深入地分析了影响产业竞争力的内部因素，首次从产业内部研究了产业竞争力的内涵，特别是从产业市场结构出发，推出产业内企业的市场行为，进而得出产业的市场绩效状况，分析具有逻辑上的严谨性，在分析框架中突出市场结构，在研究方法上偏重实证研究。SCP 理论认为寡占的市场结构会产生寡占的市场行为，进而导致不良的市场绩效特别是资源配置的非效率，因此主张通过有效的产业政策形成和维护有效的市场结构，进而提高产业竞争力。SCP 理论对产业竞争力的分析深入挖掘到产业内部，因而在产业组织理论中得到了广泛的应用。

（五）金碚的竞争优势理论

中国社会科学院金碚研究员从区域经济学角度研究竞争力的差异问题，他指出，区域竞争力是竞争主体在争夺资源或市场的过程中表现出来的一种综合能力。一个区域的综合竞争力包括产业竞争力、城市竞争力、企业竞争力、科技竞争力、国民素质竞争力等。其中，产业竞争力是区域竞争力的核心。产业竞争力主要表现在增长率和市场份额上，而这种增长率和市场份额的差异是由该区域的比较优势和企业竞争优势所决定的。两者对区域的产业综合成本和效益产生了决定性的影响。所谓区域比较优势，是指一个区域内由区位条件、自然资源禀赋、劳动力和资金等因素共同形成的有利发展条件。在生产要素不能完全流动且具有运转成本的情况下，各区域生产要素供给存在的这种差异，必然会反映在其生产要素供应的价格上，这种要素价格差异对生产成本和效益有重要的影响，由此将影响到区域产业竞争力。而且随着交通运输和科学技术的发展，观念、人才、技术、管理和营销经验等高级生产要素的作用则越来越重要。所谓企业竞争优势，是指企业在产出规模、组织结构、劳动效率、品牌、产品质量、信誉、新产品开发以及管理和营销技术等方面所具有的各种有利条件，它是企业竞争力形成的基础和前提条件。除此以外，其他一些外部因素如区位条件、劳动力与资金供给、经济体制和政府政策等对企业竞争力的形成也有重要影响。

金碚指出，区域禀赋、集聚经济和转运成本共同决定了区域产业发展的差异性，进而决定了区域内的比较优势和企业的竞争优势，两者共同形成了一个区域的产业竞争力。反过来，区域产业竞争力的提高又将进一步强化区域的差异性，由此就产生一种区域循环因果效应。金碚从区域的比较优势和企业竞争优势两方面对产业竞争力给出了一个比较合理的分析框架，更适合分析我国某一区域的产业竞争力状况，因此有很大的借鉴意义。

（六）裴长洪关于产业竞争力的研究成果

裴长洪关于产业竞争力的研究与金碚的分析框架大体类似，他主要也是从两个方面来评价产业竞争力，即用显示性指标来说明竞争力的结果，用分析性指标来解释一个地区某个产业具有竞争力的原因。

三、零售业竞争力的相关理论

（一）零售业竞争力的内涵

目前，国内外尚没有关于零售业竞争力的统一定义，通过以上对零售业和产业竞争力理论的研究，结合国内外关于零售业竞争力的研究，本书认为零售业竞争力可以从微观和宏观两方面来理解。从微观角度讲，一个区域的零售业竞争力是该区域零售企业在一定组织框架下，通过一定的战略，利用既定的各种资源条件，能够比其他零售企业更有效地向零售市场提供产品或者服务，并且能够获得自身发展以及市场竞争优势的能力，即零售业的盈利能力、营运能力和控制能力等，这可以借助零售企业的财务数据来反映；从宏观角度讲，零售业竞争力还应借助于零售业发展的区域环境要素的发展状况来体现，如地区经济发展状况、居民消费水平、政府政策等相关因素的发展状况，以及零售业与这些相关因素的组织、协调、配套状况，所有这一切结合在一起，共同构成该地区的零售业竞争力。综上所述，本书将零售业竞争力定义为零售业在一定的区域内，通过各种内部和外部环境，所表现的在国内市场或国际市场上的盈利能力、控制能力和市场占有能力等，以及对当地经济增长和社会发展的贡献能力和对市场需求变动的适应能力等多方面的综合竞争能力。

（二）零售业竞争力的特征

本书结合国内外零售业的发展情况，将零售业竞争力的特征归纳为以下几方面：

第一，零售业竞争力水平直观表现为连锁化经营程度。发达国家的零售业发展经验表明，连锁经营是零售业向高级阶段发展过程中的必然要求，其在降低采购成本、提供共享资源、扩大市场份额、实现规模经济效应等方面作用显著。在美国等发达国家，连锁经营占据了零售市场的绝大部分。随着全球零售市场竞争的加剧，越来越多的零售企业都采用连锁化经营，以求取得规模优势，在激烈的竞争中生存下来并取得进一步发展。

第二，价格优势和业态创新是零售业竞争力的核心体现。目前，国内外很多零售企业都采用“价格策略”来吸引消费者、增加销售额、提高企业知名度、扩大零售市场占有率。例如，沃尔玛的“天天低价”口号，物美向顾客承诺的“天天廉价、永远物美”等。此外，随着消费者消费需求的不断变化，传统的百货店已经不能满足顾客的需要，零售企业通过发展不同经营模式，如超市、购物中心等来满足顾客不同的消费需求，实现零售业态创新，提升企业竞争力。

第三，零售业竞争力的强弱越来越取决于营销渠道的宽窄和组织效率的高低。零售业处于社会再生产交换环节的终端，承担着将商品从流通领域转入消费领域并组织商品销售的使命，因此，只有以顾客满意度为目标，积极拓展营销渠道，提高服务质量，及时满足顾客不断变化的消费需求，培养出更多的忠实顾客，才能保证零售业竞争力的实现。另外，提高零售效率、降低流通成本，也能有效地提高零售业竞争力。

第四，渠道控制对零售业竞争力的影响越来越大。零售业是直接面对消费者的产业，是社会生产交换的最终环节，流通是零售业发展的关键因素，而流通最重要的就是渠道控制。随着互联网技术越来越成熟，渠道控制对零售业的影响越来越大，中国作为零售产品的生产大国，渠道控制相比欧美发达国家难度更大，且成本更高。因此，随着网络零售的普及，实现有效的渠道控制将成为提升零售业竞争力的关键因素。

第五，零售业竞争力与其他产业具有很强的相关性，零售业竞争力的提升对其他产业具有很强的带动作用。我国零售业与其他产业的关联度较高，零售业竞争力与其他产业部门的发展息息相关。拉动经济的“三驾马车”为消费、投资与净出口，其中消费的实现主要依靠零售业，投资额会有一部分转化为消费，投资额转化为消费额的比例大概为60%，故投资也可以间接通过零售业来完成，净出口涉及国际分工与合作，最终也是直接或者间接通过出口双方的零售业来实现，所以零售业对整体经济的拉动效应是很明显的，提升地区零售业竞争力对地区其他产业有很强的带动作用。

（三）影响零售业竞争力的因素

1. 影响零售业竞争力的内部因素

结合零售业的特点，影响零售业竞争力的因素可以分为产业内部因素和外部因素。影响零售业竞争力的内部因素主要有四个方面，分别叙述如下：

（1）零售业的规模。

规模是衡量产业竞争力的一个重要因素。规模的大小，在一定程度上意味着该产业发展的水平。一个区域零售业发展规模较大，意味着该区域零售业的发展达到了较高的水平，其产业竞争力就相对较高。区域零售业的销售额可以比较准确地反映出零售业的发展规模。一个区域的零售业销售额较高，则表明该区域的零售业发展总量较大。我国零售业起步较晚，现代零售业最早可以追溯到20世纪80年代的杂货小商品零售，改革开放后我国零售业发展速度很快，但是与欧美发达国家相比，零售业规模仍然较小。

（2）零售业的市场集中度。

市场集中度是反映流通产业中市场份额控制在少数大企业手中程度的指标。产业市场集中度是用于表示在特定产业或市场中，企业具有相对规模结构的指标，体现的是产业垄断程度的高低，是衡量产业市场结构最直接、最明显、最易于操作的指标，因而人们多用市场集中度来衡量不同的市场结构。衡量市场集中度的指标中最常见的是绝对集中度指标，绝对市场集中度指标通常用规模以上处于前 4 位或前 8 位企业的销售额、资产额占总体市场的销售额、资产额的比重来表示，其计算公式如下：

设零售业的销售总额为 X，第 i 个零售企业的销售总额为 X_i，则企业的市场份额为 S_i，又设 CR_n 为零售业中最大的 n 个企业所占的市场份额之和，则有：

$$CR_n = \sum_{i=1}^{n} \frac{X_i}{X} = \sum_{i=1}^{n} S_i$$

零售业是天然低壁垒的行业，与工业企业相比，开办零售企业相对容易，只要有几平方米的门店，选址合理、定位恰当，就能在市场上找到生存空间。因此，流通企业的规模经济壁垒并不显著。而且，在卖方市场条件下，由于社会产品相对丰富，零售企业一般都能采购到同行都经销的产品，这使企业产品差异小，因而产品差异壁垒也相对较小。另外，零售业是一个劳动密集型产业，新企业开办的费用较小，因此，经济性壁垒也较低。所有这些决定了零售业的企业分散程度高，市场集中度较难提高。但是，根据产业组织理论，市场结构决定市场行为，市场行为决定市场绩效。要想提高零售业的市场绩效，就必须提高零售业的市场集中度，只有这样才能形成较强的产业竞争力。我国零售业竞争力弱于发达国家的另一个重要原因就是市场集中度低。

（3）零售业的市场绩效。

根据产业组织理论，市场绩效指产业的市场结构中，企业的市场行为所导致的产业资源配置和利益分配状态。由此可见，市场绩效是零售业竞争力的又一个重要方面，产业竞争力强，则市场绩效肯定好。产业利润率是衡量产业销售收入的收益水平的指标，反映了行业整体的获利能力。该指标越高，说明产业获得利润的能力越强，产业的竞争能力也就越强。我国零售业的利润率与其他产业相比还不尽如人意，与发达国家零售企业相比还有很大的差距。利润率过低使我国零售企业难以利用利润来支持扩张，而需要通过外部渠道来筹集企业发展所需要的资金。另外，发达国家零售业流动资产周转率达到20次以上，而我国的零售业总体流动资产的周转率只有3次左右，这些都充分说明我国零售业竞争力水平很低，有待提高。

（4）零售业的技术发展水平。

科学技术是第一生产力，任何产业的发展都离不开科学技术水平的提高，零售业也是如此。随着各种技术的广泛运用，人们的思维方式也会发生变化，从而引起零售企业经营观念、经营方式的变化。特别是物流信息技术对零售业物流效率的改善以及零售业运营成本的节约有巨大的作用。据专家推算，应用EDI（电子数据交换）的总体效益为：商业文件传递速度提高81%，文件成本降低44%，由差错造成的商业损失减少40%，文件处理成本降低38%，竞争能力提高34%，同时EDI的间接效益可达全部贸易额的3%～5%。作为世界上最大的零售企业，沃尔玛85%的商品是配送中心配送的，由于沃尔玛采用了先进的物流和供应链管理技术，其商品周转期较低，大大降低了物流成本。在电子技术方面，沃尔玛投资4亿美元发射了一颗商用卫星，实现了全球联网，使它在全球的4000多家超市门店通过全球网络可以在一小时内对每种商品的库存、上架、销售量全部盘点一遍，所以在沃尔玛所有的门店中不会发生缺货情况。显而易见，这些科技手段的运用增强了沃尔玛的竞争能力，而我国零售企业在科技的运用和投入方面与西方零售巨头相比还有很大的差距，这也是我国零售业总体竞争力不高的一个重要原因。

2. 影响零售业竞争力的外部因素

零售业的发展不仅需要产业内部的自我发展和完善，还需要相关的外部环境。我们将从区域的国民经济发展状况、区域的市场容量、区域的交通状况等五个方面对影响零售业竞争力的外部影响因素加以介绍。

（1）区域的国民经济发展状况。

一个区域的国民经济越发达，其产业的发展也会越好，而产业的发展又会带动区域国民经济更好地发展，这是一个良性循环的必然结果。零售业也是如此，一般来说，经济发达的区域其零售业竞争力也会更强。区域经济的良好发展为产业发展提升提供了有力支撑。经济发达的区域其制造业一般都比较发达，故消费需求也会更加旺盛，而作为生产和消费纽带的零售业在这样的宏观环境中也必然会得到很好的发展。同时，区域经济的发展对零售业的发展会提出更高的要求。因为区域经济的发展需要制造业的产品能够及时地由使用价值转换为价值，而这一切需要借助零售业这一市场中间商行业。而且，区域经济的发展需要消费的拉动，而满足消费者需求，实现消费对经济发展的贡献，必须借助于零售这一环节才能实现。零售业比较发达的地区都是经济比较发达的地区，如沃尔玛来自美国、家乐福来自法国、麦德龙来自德国。

（2）区域的市场容量。

一个区域的市场容量越大，意味着该区域的消费需求就越大，消费潜力就越高，从而发展零售业的市场空间就越大。市场容量取决于三个因素：区域人口数量、区域消费能力和区域消费倾向。由于人人都是消费者，人人都需要消费生活资料，因此，区域人口越多，零售业的市场就越大。我国东部地区人口稠密，消费市场广阔，因而零售业发展就快，零售业竞争力就强；而我国西部地区由于地广人稀，零售业竞争力就弱一些。区域消费能力取决于个人收入水平。个人收入水平高的区域，零售业发展就快一些，因为一定的收入水平总是对应一定的消费水平。我国农村地区尽管人口数量大于城市，但是由于消费能力低下，零售业发展的情况就相对较差，很多连锁超市很难深入农村地区。而美国的农村消费能力较高，所以美国的一些超市和仓储式商场即使设在城乡接合部也同样获得了成功，而这一方法到中国就很难奏效。区域消费倾向也会对零售业的竞争力产生较大的影响。消费倾向较高，意味着人们有较强的消费欲望，零售业的商品就容易销售出去，零售业的竞争力就较强。美国的居民边际消费倾向较高，很多人甚至实施信贷消费，所以，零售业生存和发展就相对容易。中国是一个边际消费倾向相对较低的国家，很多人倾向于储蓄，而不是消费，因此，零售业的发展就受到了一定的制约。从我国实际情况看，我国东南沿海地区是我国零售业最发达的地区，这是由于该区域人口密集，经济水平高，消费能力和消费倾向都很高，所以该区域零售业市场容量很大，从而促进了该区域零售业竞争力水平的提高。

（3）区域的交通状况。

零售业的发展与区域的交通状况密切相关。商业最初就是在那些交通便利、地理位置优越的港口和城市发展起来的。凡是交通便利、区域位置优越的地方，发展零售业的环境就好一些，就有利于零售业竞争力的提高。我国广大东部沿海地区，特别是珠江三角洲和长江三角洲地区，地理位置优越，交通通信便利，有发达的港口和航空、铁路运输，方便人员往来，因此，零售业就相对发达；而我国广大的西部地区，由于交通相对落后，地理位置偏僻，很多地方成为零售业发展被遗忘的角落。

（4）区域的物流发展状况。

区域的物流发展状况是影响零售业竞争力的重要因素。物流业与零售业密切相关，它们之间存在互动发展的机制，物流在提高零售业竞争力水平上起着巨大的作用：一是物流可降低零售业的经营成本，提高市场竞争力，扩大市场份额。零售企业通过对采购、运输、储存、配送等环节的集中管理，解决各环节之间的矛盾，降低物流成本，实现一体化物流，缩短与供应商及顾客间的交易时间，提升企业的市场竞争力。二是物流可以合理预测商品销量，满足顾客需求。消费者对商品的需求越来越多样化，导致零售业库存管理的难度不断加大，所以加强商品的预算意义重大。三是电子商务可以为零售业的发展提供有力武器。随着无店铺零售业态的快速发展，特别是最近几年迅速发展起来的网店，对物流的要求越来越高。世界发达国家物流成本只占 GDP 的 12% 左右，而我国物流成本占 GDP 的比重达到 20% 以上，过高的物流成本严重制约着零售业的快速发展。在这样的背景下，区域的物流发展水平对区域零售业竞争能力的提升至关重要。

（5）区域的政府支持力度。

根据制度变迁理论，制度变迁需要有强大的利益集团充当制度变迁的创新者，否则制度变迁就很难进行。政府作为制度变迁的主体，在推动制度变迁的过程中发挥着重大的作用。但是政府同时又是一个利益集团，它必须从制度变迁中获得收益，才能实施制度变迁。而且，由于政府参与制度变迁，制度变迁就成为一种自上而下的行为，制度变迁就更容易推动。在零售业竞争力的问题上，许多区域的政府积极参与零售业发展规划，采取各种政策措施推动零售业发展，为零售业发展创造出零售的制度环境，这样零售业发展就会快一些，区域的零售业竞争力就高。例如，针对大型百货公司和超市的发展对小型商店经营造成的冲击，一些国家如日本、韩国、法国、美国等，曾采用行政和立法手段加以限制，以保证合理建设、规模适度和有效竞争。例如，日本 1956 年颁布了《第二次百货店法》限制不公平竞争，1974 年实施《大店法》，对新开的零售企业实行申报制。而且，通过政府制定的政策，有望解决企业资金困难、规模小以及行政壁垒等问题，同时在政府政策的引导下可以形成彼此影响、相互促进的连锁经营体系。另外，政府可以为零售业的发展创造良好的外部环境。政府应该通过对仓库、物流、码头、集装箱中转站等进行合理布局，加快水路、公路、铁路等交通设施的合理规划与布局，加强高新技术在零售业中的科学应用，各个零售企业配送中心的建设应该向协同化、社会化的集约方向发展。

四、零售业效率相关理论

（一）效率

效率（Efficiency）这一概念在经济学领域中应用非常广泛。“效率”这个问题是十分重要的，由于资源普遍稀少，较为缺乏，人类在面对资源稀缺时必须有所取舍，为了实现资源配置的最优化，必须研究如何配置稀缺资源。经济组织的主要目标就是追求资源的利用效率，此时效率的出现极大地满足了组织目标，因为效率就是用来度量资源实现最优化配置程度的。也有学者认为，效率是指若不减少一种物品生产的情况下，就不能增加另一种物品的生产，即尽可能有效地利用经济资源以满足人们的需要或尽可能地减少浪费，此时的经济运行是有效率的，或者说经济处于生产可能性的边界上。

新古典经济学认为效率就是帕累托最优，也称为帕累托效率，这是经济学中的重要概念。帕累托认为任何形式的资源重新配置，都不可能使至少有一人受益而又不使其他任何人受到损害，那么这个资源配置就是最优的，帕累托最优状态就是满足经济效率的状态。效率的概念有微观层面和宏观层面之分，既可用于描述微观经济主体的行为特征，也可用于描述宏观经济特征。当效率应用于一个国家或经济体系时，宏观层面的效率是指由于不同的生产目的，投入各种资源得到的产出能否最大限度地满足社会及人民的需求，是否得到了最有效的配置，此效率是指“社会所有成员通过资源配置得到最大化的总剩余”。当效率应用于某个企业时，微观层面的效率是指企业在产出一定的情况下，其投入成本是否最小，或在投入一定的情况下，其产出是否最大化。

（二）零售业效率

当“效率”这一概念应用于零售企业时，其含义也显得十分特别。从本质上讲，零售业效率是指零售企业对其资源的配置状况，是零售市场竞争能力、投入产出能力和可持续发展能力的总称。随着经济的发展，零售业呈现阶段性发展的态势，在早期的计划经济阶段，零售业仅限于解决供求矛盾，业态结构相对固化且无竞争。近年来随着人民生活水平大幅提升，居民的购买能力越来越大，零售业得到快速发展，形成了以百货商店、超市、大型商场、便利店为主要发展模式的新兴零售业态格局。至今，我国零售业的市场结构和经营环境都发生了巨大变化，其商业革命正如雨后春笋般不断爆发，多数零售企业正在进行逐步分化和重组。随着电子商务、网上支付系统以及物流的不断发展，一些新型的零售方式，如邮购、电视购物和网上购物等已经渗透到人们生活、工作、学习和娱乐的方方面面，成为经济发展不可或缺的组成部分。零售业以追求利润最大化为目标，保持高效率、高流转。通过投入一定的资源（人力、物力、财力），来获得一定的利益。目前在整个零售过程中，零售业需要对资源进行全面整合管理，尽可能地节省投入和扩大产出，以实现利润最大化。在效率问题上，不能单纯追求速度和数量，更需要注重质量和品质。

（三）效率的测算方法

学术研究中不可或缺的组成部分就是对经济效率的研究，所采用的研究方法种类较多，因研究数据、研究目的和研究对象的不同而有所差异。目前，在众多的零售企业效率评价方法中，随机前沿生产函数法、数据包络分析法是较常用的两种效率测度方法。

1. 随机前沿生产函数法

随机前沿分析（Stochastic Frontier Analysis，SFA），是一种利用计量经济学技术，通过建立随机前沿模型来计算一个单位有效性的参数分析方法。

Aigner 等和 Meeusen 等在 1977 年分别独立提出了 SFA 的基本模型，适合横截面数据，即 $Inq_i = x'_i\beta + m_i - n_i$，该模型由生产函数 $x'_i\beta$ 和两个误差项 m_i 和 n_i 组成，其中 q_i 表示第 i 个单位的产出，x'_i表示第 i 个单位的投入的对数向量集，β 表示未知参数的向量。由此来对生产前沿函数进行估计，从而获得参数 β 的一致估计值。

应用 SFA 方法的好处在于它同时考虑到了技术无效性和随机冲击效应，但该方法作为参数方法，其评价模式的函数形式不容易确定，需要通过对数据进行观察，对所要估计的成本前沿、利润前沿或单位产出生产前沿进行确定，在对零售企业的多种输入和输出进行评价时，采取主观估计的方式可能会影响最终的效率结果，因此该参数方法不如非参数方法有优势。

2. 数据包络分析法

数据包络分析（Data Envelopment Analysis，DEA），是一种非参数分析方法，始于 Farrell 于 1957 年衡量效率时提出的线性规划模式。Cooper、Charnes 和 Rhodes 于 1978 年提出了 CCR 模型，并将之命名为数据包络分析法，该模型主要用来测算在不变规模报酬下的多种投入与产出的效率。对于变动规模报酬下的投入与产出效率的衡量，Banker 等又于 1984 年提出了 BCC 模型。DEA 方法是一种使用数学规划模型对多输入、多输出同类型的决策单位的相对技术效率进行评价的非参数方法。经过 30 多年的发展，DEA 方法在管理科学、系统工程、决策分析及评价技术等领域应用普遍，成为一种重要的分析工具和研究手段。

DEA 方法主要通过数据和数学规划模型进行评估，能在某种程度上规避评价者的主观意识，从而获得更加客观的结论。DEA 方法无须考虑输入与输出指标的量纲与函数关系，可直接建立非参数的 DEA 模型来测算 DMU 的相对技术效率，使用较为方便。该方法在避免主观因素、简化运算以及减少误差等方面有着不可比拟的优越性。本书采用数据包络分析对内蒙古自治区零售业运行效率进行研究。

第二章
内蒙古自治区零售业发展现状

一、内蒙古自治区零售业发展概述

（一）内蒙古自治区总体经济发展状况概述

1978 年以来，经历了 40 年的发展，内蒙古自治区的经济得到了快速增长。特别是在西部大开发战略的推动下，内蒙古自治区的经济和社会发生了翻天覆地的变化，宏观经济运行趋势良性发展，地区生产总值稳步增长。

改革开放实施以来，以经济建设为中心成为内蒙古自治区经济工作的重心，在充分发挥内蒙古自治区资源优势的前提下，城镇化和工业化建设不断推进，同时采用有效措施来支持特色产业发展，从经济机构上来看，各产业部门调整取得了显著成效，总体来看，内蒙古自治区的产业结构不断优化。2017 年内蒙古自治区实现地区生产总值 16103.2 亿元，按可比价格计算，比上年增长 4.0%。其中，第一产业增加值为 1647.2 亿元，增长 3.7%；第二产业增加值为 6408.6 亿元，增长 1.5%；第三产业增加值为 8047.4 亿元，增长 6.1%；三次产业比例为 10.2∶39.8∶50.0。第一、第二、第三产业对生产总值增长的贡献率分别为 10.3%、14.8% 和 74.9%，人均生产总值达到 63786 元，比上年增长 3.6%。

在总体经济保持较快增长速度的同时，内蒙古自治区产业结构不断调整完善，第一、第二产业在总体经济中的占比逐渐缩小，第三产业规模越来越大，在总体经济中所占比例越来越高，从 2017 年第三产业对生产总值的贡献率来看，内蒙古自治区经济转型效果显著，第三产业代表的新兴产业、服务业逐渐成为新的经济增长点，第二产业代表的传统重工业在总体经济中所占比重逐渐降低。

（二）内蒙古自治区零售业规模与市场容量状况

1. 产业规模发展情况

伴随着经济的发展，内蒙古自治区零售业规模也在不断发展壮大，经历了由小到大、由弱变强的发展过程，零售市场商品极大丰富，可以满足人民生活的各方面需要。据统计，2017 年内蒙古自治区社会消费品零售总额比上年增长 6.9%，达到 7160.2 亿元。按经营单位所在地分，城镇实现社会消费品零售额 6454.6 亿元，占社会消费品零售总额的 90.1%，增长 6.6%；乡村实现社会消费品零售额 705.6 亿元，增长 9.5%。从表 2－1 可以看出，2012～2017 年内蒙古自治区社会消费品零售总额呈现逐年增长的趋势。

表 2－1　2012～2017 年内蒙古自治区限额以上零售业销售额与资产总额

单位：亿元

项目＼年份	2012	2013	2014	2015	2016	2017
限额以上零售业销售总额	1743.4	1929.3	1920.4	1775.1	2039.3	1418.8
限额以上零售业资产总额	644.4	815.0	908.2	869.7	844.9	704.5
全社会消费品零售总额	4572.5	5114.3	5657.6	6107.7	6700.8	7160.2

2017 年，内蒙古自治区限额以上零售业资产总额达到 704.5 亿元，限额以上零售业销售总额达到 1418.8 亿元。从 2012～2017 年内蒙古自治区限额以上零售业销售总额与资产总额可以看出，2012 年来，内蒙古自治区限额以上零售业资产总额与销售总额总体都出现一定的波动（如图 2－1 所示）。

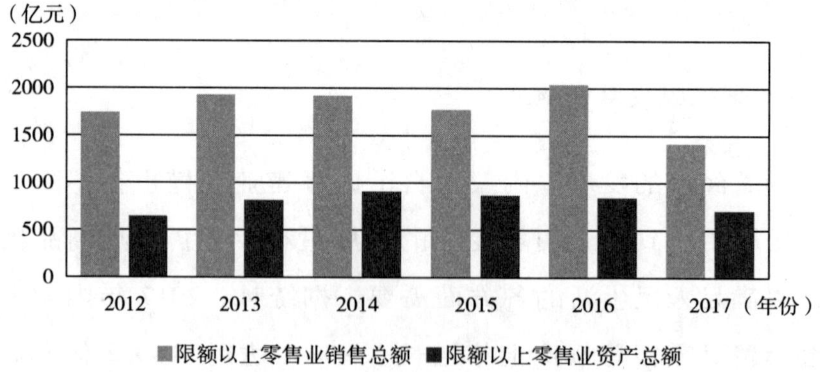

图 2－1　2012～2017 年内蒙古自治区限额以上零售业销售额与资产总额

2. 市场容量不断扩展

零售业作为直接面对消费者的产业，其市场容量与人们的生活水平息息相关。表 2－2 为 2012～2017 年内蒙古自治区居民消费水平与全体居民人均可支配收入情况。

表 2－2　2012～2017 年内蒙古自治区居民消费水平与全体居民人均可支配收入

单位：元

项目 \ 年份	2012	2013	2014	2015	2016	2017
居民消费水平	12948	14877	16258	17179	18073	18946
全体居民人均可支配收入	16884	18694	20559	22310	24127	26212

可支配收入代表人们的消费能力，居民消费水平代表一定消费能力的基础上人们的消费意愿。从表 2－2 可知，2017 年，内蒙古自治区居民消费水平为 18946 元，增速为 4.8%，全体居民人均可支配收入为 26212 元，增速为 8.6%，且自 2012 年来均保持了高于 8% 的增速。消费者的消费能力与消费意愿共同决定零售业的市场容量，内蒙古自治区消费者的消费能力与消费意愿都保持着较高的增速（如图 2－2 所示），说明内蒙古自治区零售业的潜在市场容量一直在增长。

零售业是一个以流通为基础的产业，地区零售业的主要竞争对手来源于周边地区。内蒙古自治区地处我国北部边疆，东南西北与八省区毗邻，表 2－3 为内蒙古自治区及其毗邻八省 2017 年相关指标，从表 2－3 中可以看出，内蒙古自治区 2017 年 GDP 为 16096.21 亿元，在内蒙古自治区及其毗邻八省中位居第四；第三产业增加值

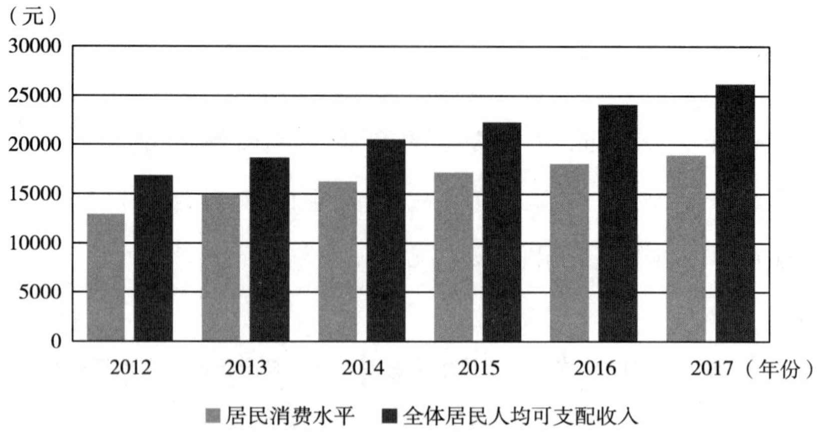

图2－2　2012～2017年内蒙古自治区居民消费水平与全体居民人均可支配收入

为8046.76亿元，在内蒙古自治区及其毗邻八省中位居第五；批发与零售业增加值为1815.47亿元，在内蒙古自治区及其毗邻八省中位居第四；人均GDP为63764元，在内蒙古自治区及其毗邻八省中位居第一，居民消费水平为23909元，在内蒙古自治区及其毗邻八省中位居第二，仅次于辽宁省。从以上数据可以看出，在内蒙古自治区及其毗邻的八省中，内蒙古自治区由于人口基数众多，其衡量经济总量与产业总体水平的指标（GDP、第三产业增加值）统计量都位居第一，但是其人均GDP与居民消费水平都较低，辽宁省作为北方老牌工业省份，GDP与第三产业增加值在九省中均位列第二，批发与零售业增加值和居民消费水平在九省中位列第一。人均GDP与居民消费水平可以衡量一个地区的零售业潜在市场容量，而内蒙古自治区的人均GDP（第一）与居民消费水平（第二）在九省中处于领先地位，这说明内蒙古自治区在九省零售市场的市场容量中处于前列。从表2－3可以看出，虽然内蒙古自治区总体经济水平在九省中处于中等水平，但是内蒙古自治区零售业发展水平较高，而且其发展具有较大的优势。

表 2－3 2017 年内蒙古自治区及其毗邻八省相关经济指标

指标 省份	GDP（亿元）	第三产业增加值（亿元）	批发与零售业增加值（亿元）	人均 GDP（元）	居民消费水平（元）
黑龙江	15902.68	8876.83	1857.41	41916	18859
吉林	14944.53	6850.66	1208.30	54838	15083
辽宁	23409.24	12307.16	3002.13	53527	24866
河北	34016.32	15040.13	2833.01	45387	15893
山西	15528.42	8030.37	1078.54	42060	18132
陕西	21898.81	9274.48	1762.33	57266	18485
宁夏	3443.56	1612.37	160.92	50765	21058
甘肃	7459.90	4038.36	563.23	28497	14203
内蒙古	16096.21	8046.76	1815.47	63764	23909

（三）零售业态发展趋势

近年来，内蒙古自治区零售业态呈多元化发展趋势。目前内蒙古自治区零售业的主要零售业态大致有食杂店、便利店、折扣店、超市、大型超市、百货店、专业店、专卖店、家居建材商店、购物中心等。其中，大型超市、超市、便利店、百货店、专业店是内蒙古近年来重点发展的零售业态，而百货店和大型超市始终占据内蒙古自治区零售市场的主导地位。2017 年，内蒙古自治区限额以上百货零售业的销售额占综合零售业的 70.8%，同比增长 14%，是内蒙古自治区零售市场的主要业态。随着零售业的发展，为了满足更多消费者的不同需求，百货店正努力实现从传统百货向现代百货、综合百货向主题百货、单体经营向连锁经营的转变。同时，超级市场快速增长的态势开始放缓，而便利店近年来却加快了扩张的步伐，一团火、利客、安达等连锁便利店加紧在内蒙古自治区的布局，竞争也逐渐加剧。同时，随着消费者对于便利、时尚、健康、休闲、情趣多元生活方式的不断追求，购物中心将成为未来内蒙古自治区零售业态创新发展的一大趋势。目前内蒙古自治区主要大型购物中心有万达广场、摩尔城等，购物中心将为内蒙古零售业态创新注入新的活力。总体来说，内蒙古零售业正在逐步形成以百货店、大型超市为主导，便利店快速发展，多元化业态的专业店和专卖店交融、渗透、集合的商业中心和购物中心的集群结构。

（四）零售企业经营状况

近年来，内蒙古自治区零售企业的经营状况并不乐观。从财务效益方面看，2017 年内蒙古自治区限额以上零售业营业利润为 14.95 亿元，同比下降 31.6%，销售收入为 1201.8 亿元，同比下降 24.6%，这说明内蒙古自治区零售企业的获利能力还比较弱。从偿债能力来看，2017 年内蒙古自治区限额以上零售业的资产负债率为 81.2%，比 2016 年高 2.3 个百分点。国际上一般认为不高于 60% 的资产负债率比较好，因此内蒙古自治区限额以上零售业的资产负债率偏高，即内蒙古自治区零售企业对企业内部进行风险管理和控制的能力还不强。从资产运营状况来看，2017 年内蒙古自治区限额以上零售业流动资产总计为 471.9 亿元，比 2016 年同比下降 12.7%，但流动资产周转率为 2.37 次，较 2016 年下降了 15.7%。一般情况下，流动资产周转率越高，表明企业流动资产周转速度越快，利用越好。总体来说，内蒙古自治区零售业的资产利用效率并不高，而且流动资产周转率的下降也说明了企业还需要进一步提高经营管理水平，拓宽营销渠道，扩大内蒙古自治区零售市场的消费需求。从经营效率来看，2017 年内蒙古自治区限额以上零售业的人均销售收入为 4753. 2 元，比 2008 年同比下降了 24. 8%，经营效率下降幅度较大。

（五）内蒙古自治区网络零售发展状况

随着互联网技术的发展和互联网用户的增多，"互联网 +"概念越来越深入人心，网络零售作为一种新的零售形式，正成为时代发展的潮流。相比传统实体零售，网络零售具有成本较低、形式灵活、不受时间空间限制等特点。网络零售的发展离不开互联网产业以及配套产业的支持。内蒙古自治区积极实施"互联网"流通战略，把电子商务作为转方式、调结构、扩消费、惠民生的重要抓手，推动全区电子商务快速发展，在消费市场领域取得了积极成效。

电子商务的快速发展，使网络零售对人们生活的影响越来越大，网络零售成为地区零售业发展的潮流形式。2017 年，内蒙古自治区网络零售额为 233. 74 亿元，占内蒙古自治区社会消费品零售总额的 3. 26%，网络零售规模较大，同时内蒙古自治区网络零售的发展速度较快。内蒙古自治区坚持供给侧结构性改革，加快调整要素、资源、产业结构，依托资源产业特色，主动适应电子商务市场供求变化以及全区电子商务供给结构，加快适应消费推动经济发展的大势，从而实现电商零售高速增长，新动能持续聚集。在经济发展新常态下，消费正成为推动经济增长的主引擎，全区电商供给侧快速调整，实现网络交易额 2089.37 亿元，同比增长 31.56%，较全国高出 2.82 个百分点，实现网络零售额 233.74 亿元，同比增长 59.13%，较全国高出 25.34 个百分点，大幅高出网络交易增速，反映出电商投资驱动加速向消费驱动转换，适应消费升级趋势的电商有效供给不断增加。内蒙古自治区因地制宜，农特产品上行引领实务型电商发展，食品保健在食物中占比达 70.94%，牛羊肉及其加工品以及各类奶制品为食品保健的快速发展提供了强力支撑，各类羊绒制品以及皮鞋皮靴线上反馈良好，持续热销，助力服装鞋包网络零售额在行业中排名稳居第二，行业占比达 13.09%，家居用品中毡画、皮镜、羊毛坐垫等特色产品，网络零售额跻身行业第三。线上服务蓬勃发展，电商正加快促进本地服务消费升级，在线旅游在服务型网络零售额中占比达 55.47%，全区进一步促进旅游与交通融合发展，全面发力，全域旅游、四季旅游、在线旅游发展迅速，在服务型网络零售额中的占比较去年提升 10.20 个百分比，表现优异。此外，随着移动互联网的深入普及，本土消费加速转型升级，在线餐饮在服务型网络零售额中的排名较上年上升一位，位列第二，生活服务在服务型网络零售额中的占比较上年提升 2.06 个百分点，增势良好，农产品上行态势良好。肉禽粮油农产品资源优势充分显现，2017 年，全省实现农产品网络零售额 52.82 亿元，同比增长 58.53%，其中畜禽类占比为 40.12%，以牛羊肉贡献最为突出，粮油以大米、绿豆、小米等农特产品的销售最为火热，助力粮油网络零售额全年实现 12.21 亿元，在农产品中占比 23.12%，居行业第二，此外，坚果中瓜子、板栗、榛子等产品线上热销，带动坚果网络零售额跻身行业前三。未来，内蒙古自治区将坚持因时制宜、因地制宜、因势制宜，推动内蒙古自治区电子商务健康快速发展，打造内蒙古自治区优势特色产业，持续深入推进供给侧结构性改革，促进要素资源向新经济领域聚集，进一步促进新经济电子商务加快发展，同时充分发挥当地资源产业优势，把握全国消费升级大事，以电商需求倒推产业结构持续优化，主动适应电子商务市场供求变化，增强产业竞争力，促进电商的生态环境日益完善。

二、内蒙古自治区零售业发展过程中存在的问题

（一）商业观念落后

以顾客为中心的经营理念，本应得到经营者和管理者的积极落实，然而大多数的内蒙古自治区零售企业长期以来一直保留着以商品为中心的经营观念。这种观念使企业在竞争的过程中明显处于劣势。外来的零售企业，尤其是外资零售企业强调以人为本，注重在经营方式的选择、商场布局及经营类别等方面考虑消费者的需要。企业可以通过营造优美的购物场景以及建立人性化的服务，让消费者感到满意，这些看似不起眼的商业举措，往往会吸引消费者成为企业的忠实顾客。然而，商业观念的树立需要时间，是一个渐进的过程，即使在理论方面学到了某个新商业观念，但要真正将其扎根于管理者心里并内化为自觉的行为还有很长的一段路要走。

（二）市场集中度不高

近年来，内蒙古自治区零售企业有向规模化发展的趋势，并且扩张的速度很快，但总体规模并不大，仍然没有足够的规模与国内外大型零售企业竞争，故很难形成规模效应。目前，内蒙古自治区零售业的主要零售方式还是传统实体零售，而实体零售业在零售业态、市场集中度以及连锁经营方面有许多的不足。

限额以上零售业的发展状况能够很好地反映零售业市场集中度，地区限额以上零售业发展较好则意味着地区零售业市场集中度较高。表2－4为2017年西部地区限额以上零售业发展基本情况，从中可知，在西部十二省（自治区、直辖市）中四川省限额以上零售业发展最好，无论是企业数量、规模还是吸纳的就业人数都在西部地区中处于领先地位。内蒙古自治区属于较为落后的省份，各项指标都明显落后于其他省份，位列第七。

表2－4　2017年西部地区限额以上零售业相关数据

指标 省份	法人企业（个）	商品销售额（亿元）	资产总计（亿元）	从业人数（人）
陕西	3687	3726.9	1674.6	223275
四川	4346	5491.3	2284.4	300873
云南	2241	2472.5	1125.7	138256
贵州	2416	2092.8	1177.9	101540
广西	2288	1929.6	977.9	130957
甘肃	1092	913.1	547.5	70342
青海	231	233.0	123.4	16426

续表

指标 省份	法人企业 （个）	商品销售额 （亿元）	资产总计 （亿元）	从业人数 （人）
宁夏	273	330.0	233.0	27582
西藏	86	140.0	66.9	6101
新疆	982	1140.1	688.1	60504
重庆	3483	3534.5	1358.7	208586
内蒙古	1235	1350.9	704.5	81718

由此可见，内蒙古自治区零售业市场集中度与西部地区其他省份相比相对较低，而市场集中度不高便无法发挥产业集聚效应。

（三）连锁经营发展水平较低

连锁经营是零售业第三次变革的重要内容，推动了零售业现代化的进程。连锁经营是用统一的店名、统一的店铺装修方式、统一的经营管理方式、统一商标将分散的店铺联合起来。由总部统一进货，分散销售从而达到规模效益的一种经营方式。连锁经营实质上是将大生产的理念用在了零售产业中，降低了企业成本，提高了企业效益。连锁经营可以推动零售业结构升级、提高零售产业竞争力。零售业的连锁经营率反映了零售业升级的潜力和能力。根据数据的可得性，选取零售业连锁经营率来衡量城市商业整体连锁经营情况，以达到反映城市零售产业成长力的效果。

表2－5为2017年内蒙古自治区连锁零售业相关数据。2017年，内蒙古自治区连锁零售总店数量为20个，门店总数为712个，内蒙古自治区零售业连锁经营状况与其他省份相比有较大的差距。2017

年，内蒙古自治区连锁零售从业人员为0.6万人，限额以上零售业从业人数为9.73万人，连锁经营从业人数所占比例为6.17%；2017年，内蒙古自治区连锁零售商品销售额为36.2亿元，限额以上零售业商品销售额为1429.10亿元，连锁零售商品销售额所占比例为2.53%；2017年，内蒙古自治区连锁零售商品购进额为33.4亿元，限额以上零售企业商品购进额为1184.4亿元，连锁零售商品购进额所占比例为2.82%。由此可知，在内蒙古自治区零售企业中，连锁零售所占比例不高。连锁零售具有商品配送规范化、易于管理以及易于扩大规模等优势，内蒙古自治区连锁零售发展水平相对较低，很难发挥连锁零售的优势。

表2-5 2017年内蒙古自治区连锁零售业相关数据

总店数	门店总数	从业人员（万人）	销售面积（万平方米）	商品销售额（亿元）	商品购进额（亿元）
20	712	0.6	36.1	36.2	33.4

（四）信息化程度低和管理能力差

从总体上来说，内蒙古自治区零售企业运用科技的能力较差，在物流管理和流程管理等方面缺乏相应的投资。这些问题的出现与资金投入不足有很大的关联。面对竞争，如果企业资金出现短缺，就不能保证在信息和管理方面释放足够的资本，导致企业在信息和管理层面上处于劣势，也可能会造成不必要的成本增加，从而在与外来零售企业的竞争中没有优势。现代化的管理理念是内蒙古自治区大多数零售企业所缺乏的，不完善的管理机制主要来自企业本身，它们缺少一套适合的管理制度以及规范化的操作流程。因此，内蒙古自治区零售企业的管理仍处于较低水平，还主要依靠传统的管理模式和方法，并没有真正理解和运用西方发达国家零售业发展经验的精髓，这主要表现为：企业产品定位相似，增加销售额的主要途径还是通过简单地降低价格来提高销售量，并没有运用现代信息技术来提高管理效率，进而促进销售额的增加；在营销方面，主要依靠的还是搞促销活动，如会员卡积分、买一赠一等原始的活动，而真正的现代意义的营销策略是树立良好的品牌、服务，提升企业的整体形象；零售企业的目标市场定位模糊，没有准确找到自己的目标客户群，也就不能准确地掌握客户有哪些需求，同时也分不清自己真正的竞争对手，因此内蒙古自治区的零售企业很难拥有自己独特的竞争优势。

（五）地区发展不平衡

内蒙古自治区零售业的发展在不同地区呈现出明显的差异。呼包鄂城市群即呼和浩特、包头、鄂尔多斯的零售市场发育较快，市场规模不断扩大，2017 年，呼和浩特、包头、鄂尔多斯零售业销售额位列内蒙古自治区前三甲。据统计，2017 年内蒙古自治区社会消费品零售总额比上年增长 6.9%，达到 7160.2 亿元。其中，城镇实现社会消费品零售额 6454.6 亿元，占社会消费品零售总额的 90.1%，增长 6.6%；乡村实现社会消费品零售额 705.6 亿元，增长 9.5%。从表 2－6 可以看出，呼包鄂城市群社会消费品零售总额共计 3835.3 亿元，占全区社会消费品零售总额的 53.6%，呼包鄂城市群的零售市场发育较快，市场规模不断扩大，多种经营方式和业态形式促进了零售业的发展与繁荣，在内蒙古自治区零售市场所占比重也相对较大，而其他地区零售业发展缓慢，发展水平也比较平均。如何发展呼包鄂城市群以外盟市内的零售业将直接影响到内蒙古自治区整体零售业的发展。此外，从内蒙古自治区各盟市限额以上批发和零售业的基本情况来看，2017 年，呼和浩特零售业年末从业人员、购进总额、销售总额、年末零售营业面积均居内蒙古自治区榜首，是内蒙古自治区零售业发展最快的城市。在首府呼和浩特，各种业态均得到了较快的发展，但周边地区以及其他地区城市中仍旧是传统的零售业态占据绝对主导地位，从而大大阻碍了内蒙古自治区整体的零售业发展。

表 2－6　2017 年内蒙古自治区各盟市社会消费品零售总额　单位：万元

地区	社会消费品零售总额	城镇	乡村
呼和浩特市	15709522	14169021	1540501
包头市	14864066	14482397	381669
呼伦贝尔市	6443039	5837263	605776
兴安盟	2469995	1970172	499823
通辽市	5510895	3827128	1683767
赤峰市	7586697	6229707	1356990
锡林郭勒盟	2628298	2151738	476560
乌兰察布市	3416593	2650573	766020
鄂尔多斯市	7779034	6502927	1276106
巴彦淖尔市	2781383	2417621	363762
乌海市	1618385	1618385	—
阿拉善盟	794413	713739	80674

（六）竞争意识薄弱

近年来，内蒙古自治区零售业快速发展，呈现出购物中心、连锁超市、便利店、专业店、专卖店、家居建材商店等多业态共存的竞争状况，国内外大型零售企业凭借其雄厚的资金实力和丰富的管理经验正在不断地通过并购重组等方式向内蒙古自治区零售市场渗透，法国家乐福、北京华联、大连万达、上海百联、广东华润万家等国内外著名连锁零售企业相继进驻内蒙古自治区，扩大其在内蒙古自治区零售市场的份额。随着外来零售企业不断扩大其在内蒙古自治区零售市场的份额，本土零售企业的市场份额呈相对下降的趋势。面对外来的竞争，本土零售企业缺乏竞争意识，不能有效地发挥自身的竞争优势，树立自己的品牌优势，因而在与外来零售企业竞争的过程中长期处于不利的地位。

（七）农村牧区零售市场薄弱

近年来，随着内蒙古自治区经济的快速发展，城市零售业经历了爆炸式的销售增长。然而与此同时，农村牧区市场的广大消费者，却没有得到零售企业的关注，仍然是中小散户的零售业务，发展水平很低。这种中小散户的零售业务局限于旧的模式运作和管理方法，无法真正释放广大农牧地区的消费潜力。这种布局的不合理性大大限制了内蒙古自治区零售业在农村的快速发展，如果能够及时改变这种情况，在未来必将对内蒙古自治区零售业的发展提供无限的潜力。在首府呼和浩特，各种业态均得到了较快的发展，但与之相反的是，拥有广大消费群体的农村牧区零售业网点数量却严重不足，对农民的生活影响很大。零售企业应根据实际情况有选择地建立零售店，首先是要有计划、有顺序地发展网上销售等多种高科技性质的经营方式，只有这样才能跟上时代发展的步伐。由于内蒙古自治区农村牧区零售业的发展不足，2107 年内蒙古自治区的社会消费品零售总额仅占全国消费品零售总额的 1.95%，相比 2016 年又下降了 0.07 个百分点。

第三章 内蒙古自治区零售业竞争力评价体系的构建

一、评价指标体系建立原则

竞争力的评价是由评价对象、评价主体、评价目的等系统评价要素构成，并对系统评价问题进行科学评价的规律性研究。建立一个全面、客观、科学、准确的竞争力评价体系是评价零售业竞争力的基础，能够对零售业竞争力进行客观的分析和评价。因此，建立零售业竞争力评价指标需要遵循以下原则。

（一）客观性原则

客观性原则要求零售业竞争力的评价指标体系必须能够真正反映零售业竞争力的本质和属性，同时还要全面、客观、准确地反映零售业竞争力的内涵以及各子系统和指标间的相互关系，能够正确、客观地评价零售业竞争力。

（二）可操作性原则

零售业的竞争力是复杂的、多方面的，在实际操作过程中不可能将所有的方面全部体现。在研究过程中，应当根据实际情况，研究内蒙古自治区零售业的特点，建立适当的评价体系。具体有两方面：第一，选取的指标应当是易于量化的指标，数据是可以通过现有的统计资料获得或者可以通过可获得的数据计算得出；第二，选取的评价方法是可操作的，即可以通过获得各个指标顺利得出统计结果，并且得出的结果能够全面、准确地反映零售业竞争力。

（三）可比性原则

可比性原则是指必须明确评价指标体系中每个指标的确切含义、统计口径、时间、地点和使用范围，同时避免零售业竞争力指标之间的信息重叠现象，以确保评价结果能够进行横向和纵向比较，便于更好地把握不同地区在不同时期内零售业竞争力的实际水平和变化趋势。

（四）动态导向性原则

零售业竞争力指标体系的建立，除了要选取能反映零售业的规模、总量、结构、效益、技术水平等静态指标，同时还要注重考察这些指标的变动方向、速度和格局等，因此，还需要选择能够综合反映零售业竞争力的现状和未来发展趋势的指标，以揭示零售业竞争力的动态发展特征。

二、零售业竞争力评价指标体系的建立

参照国内评价零售业竞争力的相关研究成果，结合建立评价指标体系的原则，本书选取产业规模指标、产业潜力指标、产业绩效指标及产业环境指标四个一级指标来评价零售业竞争力，并初步预选出 17 个二级指标。具体指标体系如表 3－1 所示。

表 3－1　零售业竞争力评价指标体系

目标层	一级指标	二级指标	指标说明	单位
零售业竞争力	产业规模指标	X1 社会消费品零售总额	市场总体消费水平	亿元
		X2 零售业销售总额	产出水平	亿元
		X3 零售业资产总额	资本要素投入	亿元
		X4 零售业从业人数	劳动要素投入	人
		X5 零售业销售额占地区消费品零售总额的比重	零售业产出水平权重比较	%
	产业潜力指标	X6 社会消费品零售总额增长率	市场总体消费水平增长	%
		X7 零售业销售总额增长率	零售业产出的增长	%
		X8 零售业资产总额增长率	资本要素的投入增长	%
		X9 零售业从业人数增长率	劳动要素的投入增长	%
	产业绩效指标	X10 零售业利润率	零售业的收益效率	%
		X11 零售业人均资产	劳动要素投入产出效率	万元
		X12 零售业人均销售额	资本要素投入产出效率	万元
		X13 零售业销售额占 GDP 的比重	零售业对 GDP 的贡献	%

续表

目标层	一级指标	二级指标	指标说明	单位
零售业竞争力	产业环境指标	X14 地区公路里程	零售业的微观硬环境	公里
		X15 地区邮电总量	零售业的微观硬环境	亿元
		X16 地区 GDP 总量	零售业的宏观软环境	亿元
		X17 地区人均消费水平	零售业的宏观软环境	元

资料来源：根据本书分析整理而得。

（一）产业规模指标

产业规模是衡量产业竞争力的一个比较直观的标准。因此，产业规模指标既能够反映地区零售业的竞争力水平，又能够作为地区零售业发展的强大支撑，直接推动零售业的快速发展。本书重点选取社会消费品零售总额、零售业销售总额、零售业资产总额、零售业从业人数、零售业销售额占地区消费品零售总额的比重五个指标来反映零售业的规模竞争力。

（二）产业潜力指标

潜力指标不仅仅看重产业目前的发展水平，更注重其未来的发展潜力。零售业是流通产业的重要环节，在现代物流迅速发展的背景下，零售业的发展潜力也被不断地发现和挖掘，逐渐成为产业竞争力提高的重要前提。零售业的发展潜力，一方面极大地依赖于市场潜力的扩大以及相关产业的发展，另一方面也与零售业自身不断成长壮大息息相关。本书选取社会消费品零售总额增长率、零售业销售总额增长率、零售业资产总额增长率、零售业从业人数增长率四个指标来反映零售业的潜力水平。

（三）产业绩效指标

绩效是产业提高竞争力的外在动力和物质保障，产业竞争力越强，其绩效水平也会相对越高。为了更好地衡量零售业的绩效，本书选取零售业利润率、零售业人均资产、零售业人均销售额、零售业销售额占 GDP 的比重四个指标来反映零售业的绩效水平。

（四）产业环境指标

产业环境即产业发展的客观环境。产业的发展总是在一定的环境中进行的，不可能孤立于外界而存在，良好的外部环境不仅是产业竞争力提高的前提，而且在一定条件下还会对产业发展产生决定性的影响。基于之前相关研究对产业竞争力外部驱动影响因素的分析，本书选取了地区公路里程、地区邮电总量、地区 GDP 总量和地区人均消费水平四个指标来衡量零售业的发展环境。

三、零售业竞争力评价方法的选择

关于产业竞争力的评价，目前主要有两种方法：一种是主成分分析法，其主要目的是将大量的原始数据进行科学的简化，以少数变量去解释内容结构关系，本质是通过少数几个主成分指标来揭示各个变量之间的内部关系结构。它的主要思想是降维，把多个互相关联的数值变量转化为几个互不相关的综合指标，通过主成分分析法对相关矩阵内部结构关系进行研究，从而得出影响产业竞争力的综合指标，进一步以线性组合的方式将综合指标进行转化，从而在简化分析过程的前提下保证模型的准确性和科学性。另一种是层次分析法，其基本思路就是先进行层次化分解，根据问题的性质和要实现的目标，将问题分解为不同的组成因素，之后对不同的层次进行综合分析，将所要分析的问题层次化，将所有因素按不同层次进行组合，形成一个结构模型，最终得到不同层次的相对重要程度的权值次序。

因子分析法是一种通过具体指标测评抽象因子的分析方法，最早是由地理学家 Chales Spearman 在 1904 年提出的，它的基本思想是将具体测量的多个指标用少数几个因子的线性组合来表示。因子分析利用“降维”思想，把多个指标转化为几个综合指标，对所研究的问题就可以用最少的因子的线性函数来描述原来测量的每一个变量。因子分析的目的就是显示变量之间的内在关联性，在尽可能保存原有信息的前提下，用较少的维度简化数据，从而发现变量之间的关系。

主成分分析和因子分析的基本原理相同，都是在多个原始变量中通过它们之间的相关性来获得新的变量，达到减少分析指标个数和概括主要原始指标信息的目的。但是它们之间也有区别：一是因子分析尽量使变量的相关程度能被公因子解释；二是因子分析提取的公因子比主成分分析提取的主成分更具有解释性，因子分析使潜在因子更有实际意义。综合以上分析，本书认为采取因子分析法对内蒙古自治区零售业竞争力进行分析更为合适。

四、因子分析法模型建立

（一）因子分析法模型

因子分析法的基本思想是根据相关性大小将变量分组，使同组内的变量之间相关性高，不同组的变量之间相关性低，从而使每组变量代表一个基本结构，从中找出反映变量间相互依赖关系的公共因子，利用这些公共因子对复杂问题进行简化分析。因子分析法的数学模型可表示为：

假设原有 k 个变量 Y_1、Y_2、Y_3、…、Y_k，对每个变量进行标准化处理，使每个变量的均值为0，标准差为1。把每个变量表达为 n 个因子 X_1、X_2、X_3、…、X_n 的线性组合，其中，k 大于 n，则有：

$$Y_1 = a_{11}X_1 + a_{12}X_2 + \cdots + a_{1n}X_n + \theta_1$$

$$Y_2 = a_{21}X_1 + a_{22}X_2 + \cdots + a_{2n}X_n + \theta_2$$

…

$$Y_k = a_{k1}X_1 + a_{k2}X_2 + \cdots + a_{kn}X_n + \theta_k$$

上述数学表达式的矩阵形式为：$Y = AX + \theta$。其中，X 为公因子；A 为因子载荷矩阵；a_{ij} 为因子载荷，反映 j 因子对 i 变量的重要程度；θ 为随机变量。

（二）因子分析法的基本步骤

运用 SPSS 软件进行因子分析主要有以下步骤：

第一步，对数据进行标准化处理，使各变量均值为 0，标准差为 1。

第二步，进行检验，根据检验结果判断是否适合进行因子分析。主要检验方法为 KMO 检验与 Bartlett 检验。

第三步，求出相关系数矩阵、相关系数矩阵特征值及其贡献率。

第四步，提取公因子，求得因子载荷矩阵，并对因子载荷矩阵进行旋转，使其对因子有更好的解释。

第五步，计算各因子得分。

第四章

内蒙古自治区零售业竞争力实证分析过程

一、数据来源与数据处理

本节实证分析所需数据分别来源于《中国统计年鉴》（2018年）、《内蒙古自治区统计年鉴》（2004～2018年）、《大中型批发零售和住宿餐饮企业统计年鉴》（2018年）及中国统计局与内蒙古自治区统计局发布的相关数据，部分数据是通过上述来源数据计算所得。为了使分析数据在数量上有更强的可比性与一致性，消除单位不一致对分析的干扰，需要对数据进行标准化处理，使所分析的数据符合标准正态分布（均值为0，标准差为1）。因此，本书首先利用SPSS分析工具对原始数据进行标准化处理。

二、内蒙古自治区零售业竞争力因子分析过程

第三章在构建内蒙古自治区零售业竞争力评价指标体系的基础上，分析了零售业竞争力的评价方法——因子分析法，本章在此基础上，通过获得的数据，运用 SPSS 软件对内蒙古自治区零售业竞争力进行实证分析。本实证分析过程，首先，将零售业竞争力分为 17 个三级指标以及 4 个二级指标；其次，将 17 个三级指标降维，合成 4 个二级指标；最后，将 4 个二级指标降维，合成 1 个一级指标，即内蒙古自治区零售业竞争力。

（一）产业规模指标因子分析

1. KMO 检验与 Bartlett 检验

在进行因子分析之前必须对变量之间进行相关性检验，判断统计量是否适合进行因子分析，而常用的方法是 KMO 检验及 Bartlett 检验。KMO 检验可以检验变量之间的偏相关性。Bartlett 检验则检验相关矩阵是否为单位矩阵，从这两个检验可以判断数据是否适合作因子分析。一般来说，KMO 检验的统计量在 0 ~ 1 之间，越接近 1，则变量之间的相关性越强，越适合作因子分析。一般情况下，KMO <0.6 则不太适合作因子分析。Bartlett 检验的统计量是根据相关系数矩阵的行列式计算得出的，近似服从卡方分布，原

假设为相关矩阵是单位矩阵，可通过统计量的观测值来判断是否拒绝原假设。

利用 SPSS 软件对内蒙古自治区零售业的产业规模指标进行 KMO 检验与 Bartlett 检验。检验结果如表 4－1 所示。

表 4－1　产业规模指标的 KMO 检验与 Bartlett 检验结果

KMO 检验与 Bartlett 检验		
取样足够度的 Kaiser－Meyer－Olkin 度量		0. 681
Bartlett 检验	近似卡方	136. 921
	df	10
	Sig.	0. 000

一般认为，KMO 值大于 0. 6，Sig. 值小于 0. 05 即可进行因子分析。由表 4－1 结果可知，KMO 值为 0. 681，大于 0. 6，Bartlett 检验观测值为 136. 921，Sig. 值为 0. 000（即 p 值小于 0. 000），说明产业规模各指标之间存在一定相关性，可以对产业规模指标进行因子分析。

2. 公因子的提取

因子分析的基本目的是用少数几个综合因子来描述多个指标或因素间的联系，即将相互之间关系比较密切或相关程度较高的几个因素归在同一类别中，成为一个公共因子。一般以特征值大于 1 为标准，据此共提出 5 个公共因子，公共因子的贡献率表示该公共因子反映原指标的信息量。

表 4-2　产业规模指标公因子方差

产业规模指标	初始	提取
社会消费品零售总额	1.000	0.863
零售业销售总额	1.000	0.991
零售业资产总额	1.000	0.951
零售业从业人数	1.000	0.981
零售业销售额占社会零售总额比重	1.000	0.692

注：提取方法为主成分分析法。

表 4-2 是产业规模因子分析的公共因子方差，“初始”列是因子分析初始解下的变量共同度，它表明对原有 5 个变量，如果采用主成分分析法提取 5 个特征根，那么原有变量的所有方差都可被解释，变量的共同度均为 1。但因子分析的目的就是减少变量的数量，所以不可能提取全部的特征根。“提取”列是提取公因子后的变量共同度，通过表 4-2 我们发现绝大部分的变量都可以得到较好的解释，只有少量的变量（如零售业销售额占社会零售总额比重）提取值稍小。因此，本书认为本次检验大部分信息都能得到解释，可以认为因子提取的总体效果较为理想。

（1）总方差解释。

表 4-3 是产业规模指标解释的总方差，由表 4-3 可知，特征值大于 1 的因子只有一个，这个因子的特征值为 4.478，累计方差贡献率为 89.555%，表示这个因子可以代表原产业规模指标体系 89.555% 的信息，因此，选择这个因子可以很好地描述内蒙古自治区零售业产业规模竞争力水平。

表 4-3　产业规模指标解释的总方差

成分	初始特征值			提取平方和载入		
	合计	方差的%	累计%	合计	方差的%	累计%
1	4.478	89.555	89.555	4.478	89.555	89.555
2	0.463	9.261	98.815	—	—	—
3	0.037	0.741	99.556	—	—	—
4	0.017	0.341	99.897	—	—	—
5	0.005	0.103	100.000	—	—	—

注：提取方法为主成分分析法。

（2）因子分析碎石图。

图 4-1 为产业规模指标的碎石图，可以看出碎石图有一个明显的拐点，进一步证明了选取第一个因子作为公因子是正确的。

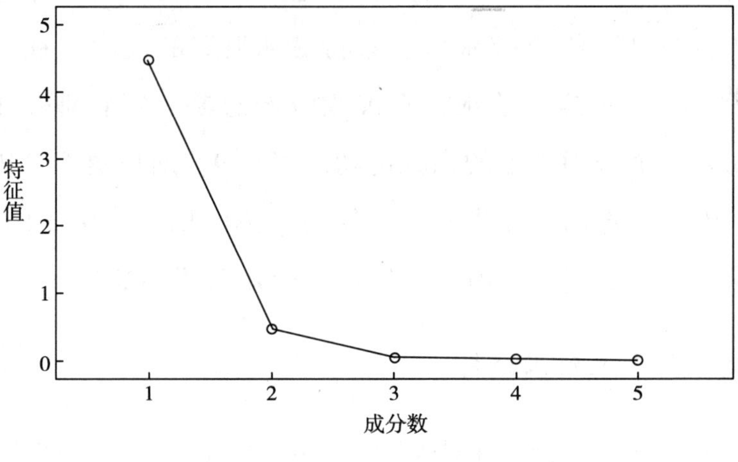

图 4-1　产业规模指标碎石图

（3）因子载荷矩阵。

确定了公因子后需要确定公因子在各个变量上的载荷系数，所以需要利用 SPSS 软件求得载荷矩阵。

表 4-4　旋转前的成分矩阵

产业规模指标	成分
	1
社会消费品零售总额	0.929
零售业销售总额	0.995
零售业资产总额	0.975
零售业从业人数	0.991
零售业销售额占社会零售总额比重	0.832

注：①提取方法为主成分分析法。②已提取了 1 个成分。

表 4-4 为旋转前的成分矩阵，该矩阵为因子载荷矩阵，反映的是各个指标在公因子上的系数，系数越大，说明公因子越能反映该指标，从表中可知各个指标基本都能得到很好的反映，社会消费品零售总额、零售业销售总额、零售业资产总额、零售业从业人数 4 个因子在第一个公因子上的系数都超过了 0.9，所以这个公因子能较好地反映内蒙古自治区零售业产业规模指标的信息，由于因子较少，且只提取了一个公因子，所以无须对成分矩阵进行旋转。

3. 因子得分及结果分析。

提取公因子之后接下来需要计算各因子得分，表 4-5 为用 SPSS 软件计算得出的因子得分系数矩阵，使用的方法为回归法，由表4-5 可以得出因子得分的方程如下：

表 4-5　产业规模指标成分得分系数矩阵

产业规模指标	成分
	1
社会消费品零售总额	0.207
零售业销售总额	0.222
零售业资产总额	0.218
零售业从业人数	0.221
零售业销售额占社会零售总额比重	0.186

注：提取方法为主成分分析法，旋转法为具有 Kaiser 标准化的正交旋转法。

Y1 = 0.207 × 社会消费品零售总额 + 0.222 × 零售业销售总额 + 0.218 × 零售业资产总额 + 0.221 × 零售业从业人数 + 0.186 × 零售业销售额占社会零售总额比重　　(4-1)

通过以上研究分析，利用 SPSS 软件得出了产业规模指标公因子的因子得分，因为只有一个公因子，所以可以将标准化后的相关数据代入式（4-1），直接求出内蒙古自治区零售业竞争力产业规模二级指标，结果如表 4-6 所示。

表 4-6　内蒙古自治区零售业竞争力产业规模二级指标

年份	Y1
2003	-1.60115
2004	-1.20164
2005	-1.23118
2006	-0.96768
2007	-0.90676
2008	-0.53149
2009	-0.28325
2010	0.20447
2011	0.71633

续表

年份	Y1
2012	0.82328
2013	1.03587
2014	1.14042
2015	0.98711
2016	1.15903
2017	0.65664

根据表4-6可以得到内蒙古自治区零售业竞争力产业规模指标的走势，如图4-2所示。

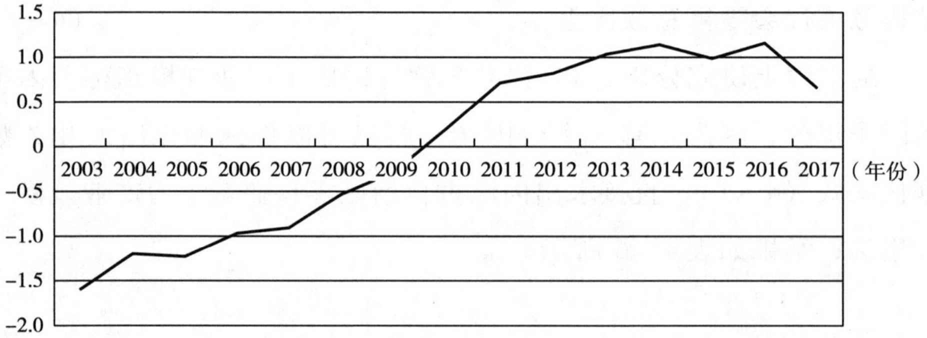

图4-2 内蒙古自治区零售业竞争力产业规模指标走势

从图4-2可以看出，内蒙古自治区零售业竞争力产业规模指标2003～2014年总体呈现增长的趋势，2014～2017年零售业产业规模出现波动，其中2004年、2008年、2011年内蒙古自治区零售业产业规模指标都有较大幅度的增长，2007～2014年属于内蒙古自治区零售业产业规模指标的快速增长期。产业规模是最能反映产业总体发展情况的指标，内蒙古自治区零售业竞争力产业规模指标的走势说明内蒙古自治区零售业的发展也处于不断变动之中，产业规模指标的增长比较依赖经济环境，内蒙古自治区 2017 年 GDP 值出现下滑，因此产业规模指标在 2017 年也出现下降的趋势。

（二）产业潜力指标因子分析

1. KMO 检验与 Bartlett 检验

表 4－7　产业潜力指标 KMO 检验与 Bartlett 检验

KMO 检验与 Bartlett 检验		
取样足够度的 Kaiser－Meyer－Olkin 度量		0.763
Bartlett 检验	近似卡方	44.548
	df	6
	Sig.	0.000

由表 4－7 可知，KMO 值为 0.763，大于 0.6，Sig. 值为 0.000，这说明产业潜力各指标之间存在一定的相关性，所以可以对内蒙古自治区零售业产业潜力指标进行因子分析。

2. 公因子的提取

表 4－8　产业潜力指标公因子方差

产业潜力指标	初始	提取
社会消费品零售总额增长率	1.000	0.706
零售业销售总额增长率	1.000	0.941
零售业资产总额增长率	1.000	0.838
零售业从业人数增长率	1.000	0.785

注：提取方法为主成分分析法。

表4-8是产业潜力指标因子分析的公因子方差，由表4-8可知，若用主成分分析法提取产业规模指标的4个特征根，则可以解释原有4个变量的方差，但是，进行因子分析的目的是降维以减少变量，所以还需进一步分析。“提取”列是提取公因子后的变量共同度，从表4-8中可以看出变量基本都在70%以上，能够很好地解释零售业产业潜力，因此可以认为公因子的选取是比较合理的。

（1）总方差解释。

表4-9 产业潜力指标解释的总方差

成分	初始特征值			提取平方和载入		
	合计	方差的%	累计%	合计	方差的%	累计%
1	3.270	81.743	81.743	3.270	81.743	81.743
2	0.420	10.488	92.231	—	—	—
3	0.240	6.012	98.244	—	—	—
4	0.070	1.756	100.000	—	—	—

注：提取方法为主成分分析法。

表4-9是产业潜力指标解释的总方差，由表4-9可知，特征值大于1的因子只有一个，这个因子的特征值为3.270，累计方差贡献率为81.743%，表示这个因子可以代表原产业潜力指标体系81.743%的信息，因此，选择这个因子可以很好地描述内蒙古自治区零售业产业潜力竞争力水平。

（2）因子分析碎石图。

图4-3为因子分析结果的产业潜力指标碎石图，可以看出碎石图有一个明显的拐点，根据特征值大于1的原则要求，进一步证明了选取第一个因子作为公因子是正确的。

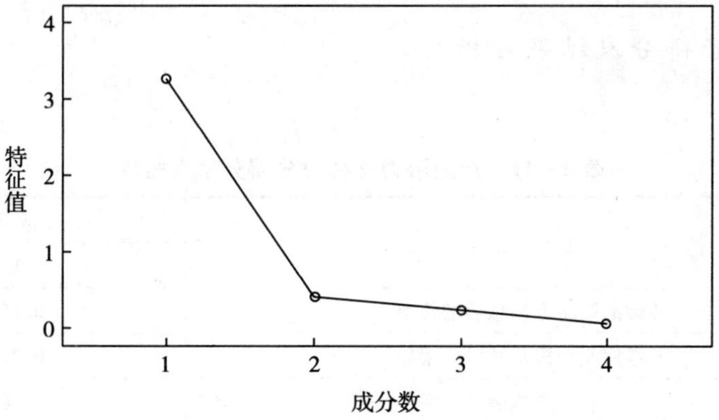

图 4 –3　产业潜力指标碎石图

（3）因子载荷矩阵。

表 4 –10　产业潜力指标旋转前成分矩阵

产业潜力指标	成分
	1
社会消费品零售总额增长率	0.970
零售业销售总额增长率	0.915
零售业资产总额增长率	0.886
零售业从业人数增长率	0.840

注：①提取方法为主成分分析法。②已提取了 1 个成分。

从表 4 –10 中可知各个指标基本都能得到很好的反映，社会消费品零售总额增长率、零售业销售总额增长率、零售业资产总额增长率、零售业从业人数增长率 4 个因子在第一个公因子上系数都超过了 0.8，所以这个公因子能较好地反映内蒙古自治区零售业产业潜力指标的信息，由于因子较少，且只提取了一个公因子，无须对成分矩阵进行旋转。

3. 因子得分及结果分析

表 4－11　产业潜力指标成分得分系数矩阵

产业潜力指标	成分
	1
社会消费品零售总额增长率	0.257
零售业销售总额增长率	0.297
零售业资产总额增长率	0.280
零售业从业人数增长率	0.271

注：提取方法为主成分分析法；旋转法为具有 Kaiser 标准化的正交旋转法。

表 4－11 为 SPSS 软件用回归法计算得出的因子得分系数矩阵，从表 4－11 中可以得出各公因子的得分方程：

Y2 =0.257 × 社会消费品零售总额增长率 +0.297 × 零售业销售总额增长率 +0.280 × 零售业资产总额增长率 +0.271 × 零售业从业人数增长率　　（4－2）

通过以上研究分析，利用 SPSS 软件得出了产业规模指标公因子的因子得分，由于只有一个公因子，所以可以将标准化后的相关数据代入式（4－2），直接求出内蒙古自治区零售业竞争力产业潜力二级指标。结果如表 4－12 所示。

表 4－12　内蒙古自治区零售业竞争力产业潜力二级指标

年份	Y2
2003	-0.07038
2004	2.48350
2005	-0.43341

续表

年份	Y2
2006	0.68431
2007	0.00719
2008	1.02123
2009	0.16892
2010	0.73509
2011	0.44173
2012	-0.44442
2013	-0.35755
2014	-0.68117
2015	-1.09685
2016	-0.81052
2017	-1.64766

根据表4-12可以得到内蒙古自治区零售业竞争力产业潜力指标的走势。

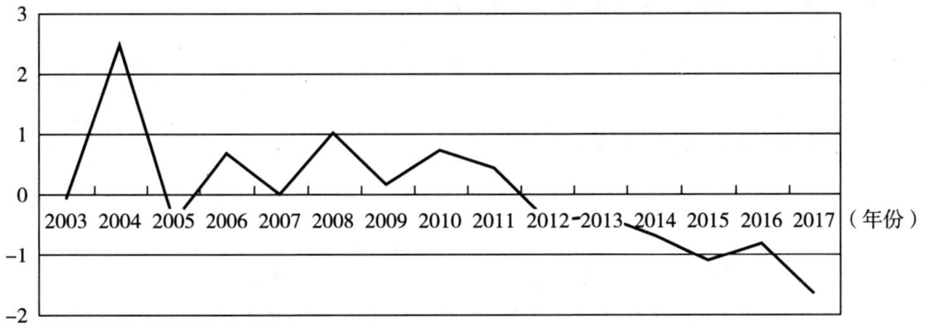

图4-4　内蒙古自治区零售业竞争力产业潜力指标走势

从图4-4可以看出内蒙古自治区零售业竞争力产业潜力指标的波动幅度较大，根据变化趋势可以把产业潜力指标的变化分为两个阶段：第一阶段为2003～2011年，这一阶段产业潜力指标表现为增长与降低交替，上一年增长则下一年下降，且变化幅度较大。这个阶段虽然内蒙古自治区零售业总体实力不断增强，但是每年的增长速度不同，本书选取的零售业产业潜力指标为4个增长率指标，若上一年增速较快，如销售额、资产额、从业人数等增长幅度较大，则下一年的增长空间会相应地变小，若上一年增长幅度较小则下一年的增长空间较大，所以此阶段产业潜力指标呈现增长与下降交替进行的状态。第二阶段为2011～2017年，2011年和2012年这两年产业潜力指标表现为连续下降的态势，2012～2017年产业潜力指标尽管发生波动，但总体出现下降的态势，随着全球经济危机对经济影响的加深，内蒙古自治区总体经济增速下降，零售业的发展也随之变慢，各项指标的增长率逐渐降低，所以这一阶段产业潜力指标呈现下降趋势。

（三）产业绩效指标因子分析

1. KMO检验与Bartlett检验

表4－13　产业绩效指标KMO检验与Bartlett检验

KMO检验与Bartlett检验		
取样足够度的Kaiser－Meyer－Olkin度量		0.659
Bartlett检验	近似卡方	69.900
	df	6
	Sig.	0.000

表4－13为产业绩效指标的KMO检验与Bartlett检验结果，由表4－13结果可知，KMO值为0.659，大于0.6，Sig.值为0.000，小于0.05，说明产业绩效各指标之间存在一定相关性，所以可以对内蒙古自治区零售业产业绩效指标进行因子分析。

2. 公因子的提取

首先，利用SPSS软件得到产业绩效指标的公因子方差、解释的总方差与碎石图，得出公因子的初步信息。

表4－14　产业绩效指标公因子方差

产业绩效指标	初始	提取
零售业利润率	1.000	0.512
零售业人均资产	1.000	0.957
零售业人均销售额	1.000	0.948
零售业销售额占GDP的比重	1.000	0.850

注：提取方法为主成分分析法。

根据表4－14可知，若用主成分分析法提取4个特征值，那么变量都可以得到解释，与前两小节的分析一样，因子分析是为了降维，所以还需进行进一步分析。

（1）总方差解释。

表4－15是产业绩效指标解释的总方差，由表4－15可知，特征值大于1的因子只有一个，这个因子的特征值为3.267，累计方差贡献率为81.681%，表示这个因子可以代表原产业绩效指标体系81.681%的信息，因此，选择这个因子可以很好地描述内蒙古自治

区零售业产业绩效竞争力水平。

表4－15　产业绩效指标解释的总方差

成分	初始特征值			提取平方和载入		
	合计	方差的%	累计%	合计	方差的%	累计%
1	3.267	81.681	81.681	3.267	81.681	81.681
2	0.633	15.827	97.509	—	—	—
3	0.084	2.100	99.609	—	—	—
4	0.016	0.391	100.000	—	—	—

注：提取方法为主成分分析法。

（2）因子分析碎石图。

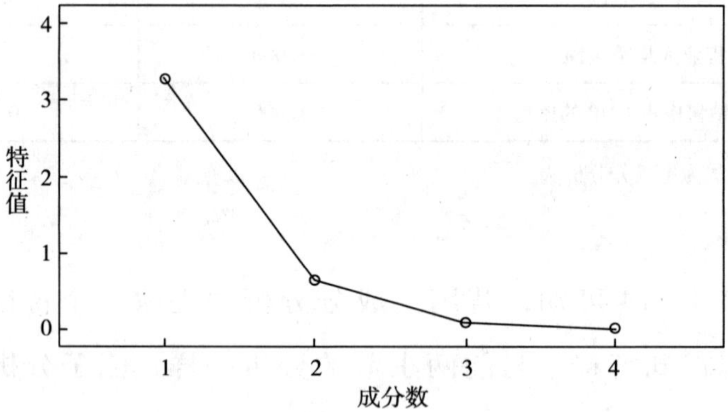

图4－5　产业绩效指标碎石图

从图4－5可以看出碎石图出现了明显的拐点，验证了可以选择第一个因子作为公因子。

（3）因子载荷矩阵。

表 4-16　产业绩效指标成分矩阵

产业绩效指标	成分
	1
零售业利润率	0.716
零售业人均资产	0.978
零售业人均销售额	0.973
零售业销售额占 GDP 的比重	0.922

注：①提取方法为主成分分析法。②已提取了 1 个成分。

表 4-16 为产业绩效指标旋转前的成分矩阵，从表 4-16 可知，零售业人均资产与零售业人均销售额、零售业销售额占 GDP 比重的因子载荷均大于 0.9，说明公因子能很好地表达这三个指标的信息，零售业利润率的因子载荷稍小，但是也大于 0.7，说明公因子基本可以表达其信息。因为只提取了一个公因子，所以无须将成分矩阵进行旋转，可以直接计算因子得分。

3. 因子得分及结果分析

表 4-17　产业绩效指标成分得分系数矩阵

产业绩效指标	成分
	1
零售业利润率	0.219
零售业人均资产	0.299
零售业人均销售额	0.298
零售业销售额占 GDP 的比重	0.282

注：提取方法为主成分分析法；旋转法为具有 Kaiser 标准化的正交旋转法。

表4－17为SPSS软件用回归法计算得出的成分得分系数矩阵，由表4－17的结果可以得出因子得分方程：

Y3＝0.219×零售业利润率＋0.299×零售业人均资产＋0.298×零售业人均销售额＋0.282×零售业销售额占GDP的比重　（4－3）

将标准化处理后的相关数据代入式（4－3）可得内蒙古自治区零售业竞争力产业绩效二级指标。

表4－18　内蒙古自治区零售业竞争力产业绩效二级指标

年份	Y3
2003	－1.35452
2004	－1.16696
2005	－1.19651
2006	－0.74850
2007	－0.72935
2008	－0.98681
2009	－0.53500
2010	－0.18065
2011	0.82536
2012	0.76880
2013	0.93978
2014	1.11638
2015	0.99828
2016	1.29535
2017	0.95432

根据表4－18可得内蒙古自治区零售业竞争力产业绩效指标走势。

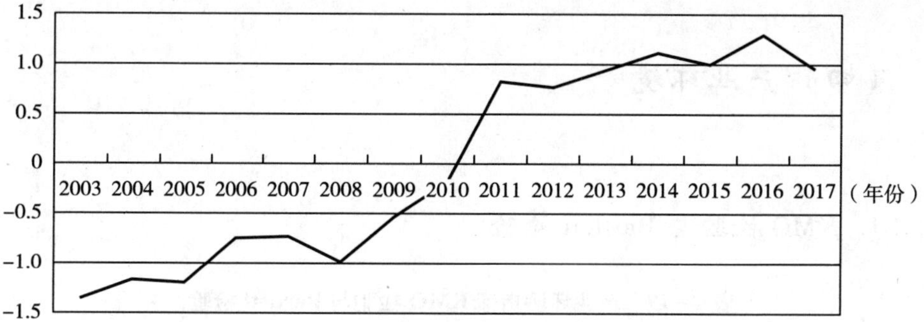

图 4-6　内蒙古自治区零售业竞争力产业绩效指标走势

从图 4-6 可知，内蒙古自治区产业绩效指标在 2003 ~ 2017 年的变化趋势为在波动中增长，根据变化趋势可以将产业绩效指标分为三个阶段：第一阶段为 2003 ~ 2008 年，这一阶段产业绩效指标波动明显，增长与降低交替出现，这一阶段内蒙古自治区总体经济实力不强，经济增速较慢，零售业总体实力较弱，由此导致内蒙古自治区零售业在这一阶段运行效率不高。第二阶段为 2008 ~ 2011 年，这一阶段产业绩效指标的变化趋势为波动中快速增长，内蒙古自治区经济增长开始提速，总体经济实力越来越强，零售业的发展也从 2008 年开始加快速度，随着发展速度的加快，零售业总体实力越来越强，运行效率也越来越高，2008 ~ 2011 年是内蒙古自治区零售业产业绩效指标增长最快的阶段，其他年度表现为增长与降低交替，在本书的评价体系下，零售业竞争力产业绩效指标在 2011 年首次大于 0。第三阶段为 2011 ~ 2017 年，这一阶段产业绩效指标依然出现增长与降低交替出现的情况，近年来，经济下行压力不断增大，逐渐影响内蒙古自治区零售业的运行效率，使其整体增速放缓。

（四）产业环境

1. KMO 检验与 Bartlett 检验

表 4-19 产业环境指标 KMO 检验与 Bartlett 检验

KMO 检验与 Bartlett 检验		
取样足够度的 Kaiser - Meyer - Olkin 度量		0.718
Bartlett 检验	近似卡方	55.795
	df	6
	Sig.	0.000

表 4-19 为产业环境指标 KMO 检验与 Bartlett 检验结果，从表中可知，KMO 值为 0.718，大于 0.6，Sig. 值为 0.000，小于 0.05，说明产业环境各指标之间存在一定相关性，所以可以使用因子分析法对产业环境指标进行降维。

2. 公因子的提取

与以上研究过程类似，先用 SPSS 软件得到产业环境指标的公因子方差、解释的总方差以及碎石图。

表 4-20 产业环境指标公因子方差

产业环境指标	初始	提取
GDP 总量	1.000	0.895
邮电业务总量	1.000	0.406
公路里程	1.000	0.935
居民消费水平	1.000	0.909

注：提取方法为主成分分析法。

根据表4－20可知，若用主成分分析法提取4个特征值，那么变量都可以得到解释，与前述分析一样，因子分析是为了降维，所以还需进行进一步分析。

（1）总方差解释。

表4－21　产业环境指标解释的总方差

成分	初始特征值			提取平方和载入		
	合计	方差的%	累计%	合计	方差的%	累计%
1	3.144	78.607	78.607	3.144	78.607	78.607
2	0.719	17.966	96.573	—	—	—
3	0.096	2.390	98.963	—	—	—
4	0.041	1.037	100.000	—	—	—

注：提取方法为主成分分析法。

表4－21是产业规模指标解释的总方差，由表4－21可知，特征值大于1的因子只有一个，这个因子的特征值为3.144，累计方差贡献率为78.607%，表示这个因子可以代表原产业绩效指标体系78.607%的信息，因此，选择这个因子可以很好地解释产业环境指标。

（2）因子分析碎石图。

从图4－7可知碎石图出现了明显的拐点，也验证了可以把第一个因子作为公因子。确定公因子后利用SPSS软件得到了该因子的成分矩阵。

（3）因子载荷矩阵。

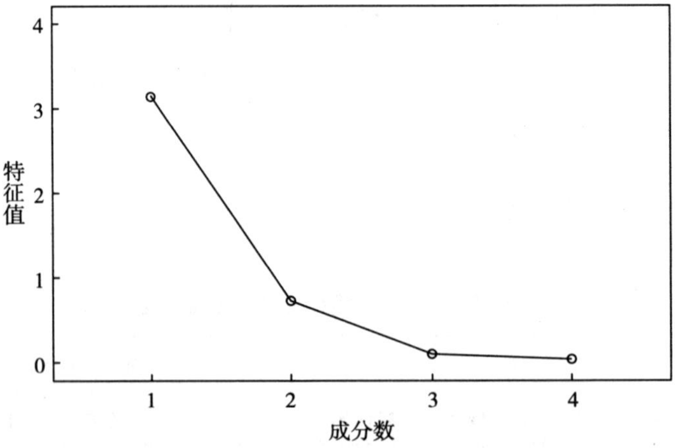

图 4 -7　产业环境指标碎石图

表 4 -22　产业环境指标成分矩阵

产业环境指标	成分
	1
GDP 总量	0.967
邮电业务总量	0.953
公路里程	0.946
居民消费水平	0.637

注：①提取方法为主成分分析法。②已提取了 1 个成分。

表 4 -22 为产业环境指标成分矩阵，根据表 4 -22 可知，GDP 总量、邮电业务总量、公路里程的因子载荷均大于0.9，表示公因子能很好地反映产业环境各指标的信息，居民消费水平的因子载荷稍小，但也大于0.6，说明公因子基本可以表达其信息。因为只提取了一个公因子，所以无须对成分矩阵进行旋转，可以直接得出因子得分。

3. 因子得分及结果分析

表4-23 产业环境指标成分得分系数矩阵

产业环境指标	成分
	1
GDP总量	0.301
邮电业务总量	0.203
公路里程	0.307
居民消费水平	0.303

注：提取方法为主成分分析法；旋转法为具有Kaiser标准化的正交旋转法。

表4-23为产业环境指标成分得分系数矩阵，根据该表可以直接得出公因子的得分方程：

Y4 = 0.301 × GDP总量 + 0.203 × 邮电业务总量 + 0.307 × 公路里程 + 0.303 × 居民消费水平　　(4-4)

将标准化处理后的产业环境指标数据代入式（4-4）可得内蒙古自治区零售业竞争力产业环境二级指标。

表4-24 内蒙古自治区零售业竞争力产业环境二级指标

年份	Y4
2003	-1.76895
2004	-1.62495
2005	-1.06785
2006	-0.86029
2007	-0.47550
2008	-0.09648
2009	0.19330
2010	-0.13855

续表

年份	Y4
2011	0. 18592
2012	0. 41391
2013	0. 67837
2014	0. 88398
2015	1. 05494
2016	1. 13815
2017	1. 48398

根据表4－24可得内蒙古自治区零售业竞争力产业环境指标走势。

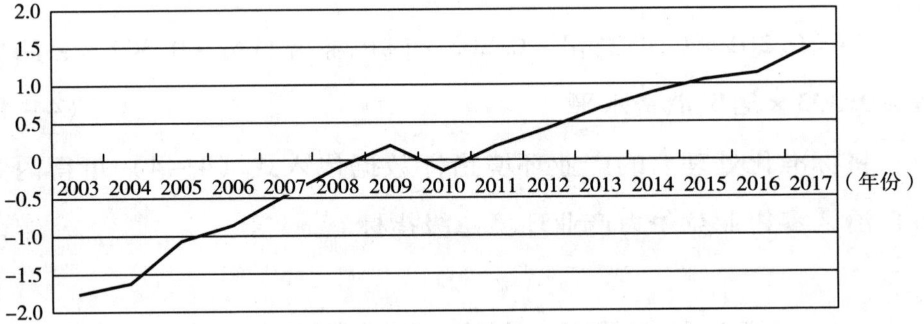

图4－8　内蒙古自治区零售业竞争力产业环境指标走势

从图4－8可以看出，在本书的研究期限2003～2017年，内蒙古自治区零售业竞争力产业环境指标一直处于快速增长中（除2010年），内蒙古自治区零售业竞争力产业环境指标变化趋势可以分为三个阶段：第一阶段为2003～2009年，在这一阶段，随着经济增长的加快，产业环境指标也呈现快速增长的趋势；第二阶段为2009～

2010 年，在这一阶段，由于全球经济危机的影响，内蒙古自治区零售业竞争力产业环境指标出现十五年来的首次下滑；第三阶段为 2010～2017 年，这一阶段产业环境指标又进入快速增长阶段，说明内蒙古自治区总体经济转型初见成效，产业环境指标增速开始加快。

综合以上内蒙古自治区零售业产业规模指标、产业潜力指标、产业绩效指标以及产业环境指标的相关分析，可以得到内蒙古自治区零售业竞争力二级指标，如表 4－25 所示。

表 4－25 内蒙古自治区零售业竞争力二级指标

年份＼指标	产业规模指标（Y1）	产业潜力指标（Y2）	产业绩效指标（Y3）	产业环境指标（Y4）
2003	－1.60115	－0.07038	－1.35452	－1.76895
2004	－1.20164	2.48350	－1.16696	－1.62495
2005	－1.23118	－0.43341	－1.19651	－1.06785
2006	－0.96768	0.68431	－0.74850	－0.86029
2007	－0.90676	0.00719	－0.72935	－0.47550
2008	－0.53149	1.02123	－0.98681	－0.09648
2009	－0.28325	0.16892	－0.53500	0.19330
2010	0.20447	0.73509	－0.18065	－0.13855
2011	0.71633	0.44173	0.82536	0.18592
2012	0.82328	－0.44442	0.76880	0.41391
2013	1.03587	－0.35755	0.93978	0.67837
2014	1.14042	－0.68117	1.11638	0.88398
2015	0.98711	－1.09685	0.99828	1.05494
2016	1.15903	－0.81052	1.29535	1.13815
2017	0.65664	－1.64766	0.95432	1.48398

资料来源：根据本书因子分析结果整理而得。

（五）内蒙古自治区竞争力指标分析

1. KMO 检验与 Bartlett 检验

表 4-26　内蒙古自治区零售业竞争力二级指标 KMO 检验与 Bartlett 检验

KMO 检验与 Bartlett 检验		
取样足够度的 Kaiser-Meyer-Olkin 度量		0.623
Bartlett 检验	近似卡方	70.5171
	df	6
	Sig.	0.000

由表 4-26 可知，内蒙古自治区零售业竞争力二级指标 KMO 值为0.623，大于0.6，Sig. 值为0.000，小于0.05，因此，可以对内蒙古自治区零售业竞争力二级指标进行因子分析。

2. 提取公因子

用 SPSS 软件得到内蒙古自治区零售业竞争力二级指标的公因子方差、解释的总方差以及碎石图。

表 4-27　内蒙古自治区零售业竞争力二级指标公因子方差

指标	初始	提取
产业规模	1.000	0.910
产业潜力	1.000	0.585
产业绩效	1.000	0.935
产业环境	1.000	0.930

注：提取方法为主成分分析法。

根据表4－27可知，若用主成分分析法提取4个特征值，那么变量都可以得到解释，与前述分析一样，因子分析是为了降维，所以还需进行进一步分析。

（1）总方差解释。

表4－28　内蒙古自治区零售业竞争力二级指标解释的总方差

成分	初始特征值			提取平方和载入		
	合计	方差的%	累计%	合计	方差的%	累计%
1	3.360	83.992	83.992	3.360	83.992	83.992
2	0.527	13.164	97.156	—	—	—
3	0.099	2.476	99.632	—	—	—
4	0.015	0.368	100.000	—	—	—

注：提取方法为主成分分析法。

表4－28是内蒙古自治区零售业竞争力二级指标解释的总方差表，由表4－28可知，特征值大于1的因子只有一个，这个因子的特征值为3.360，累计方差贡献率83.992%。

（2）因子分析碎石图。

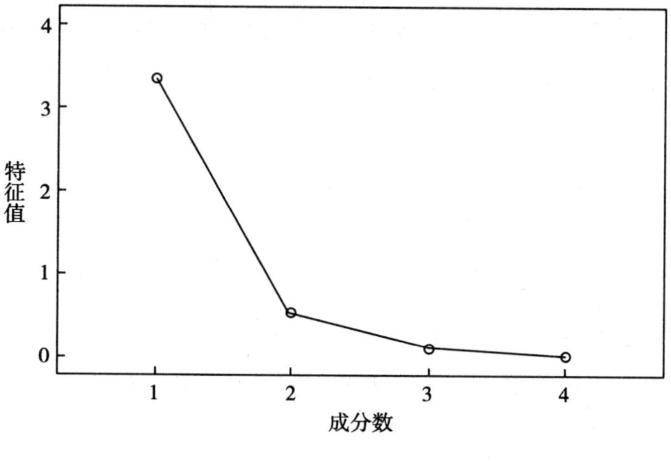

图4－9　二级指标碎石图

图4－9为因子分析结果的碎石图，可以看出碎石图有一个明显的拐点，根据特征值大于1的原则要求，这进一步证明了选取第一个因子作为公因子是正确的。

表4－29　内蒙古自治区零售业竞争力二级指标成分矩阵

指标	成分
	1
产业绩效	0.967
产业环境	0.964
产业规模	0.954
产业潜力	0.765

注：①提取方法为主成分分析法。②已提取了1个成分。

表4－29为内蒙古自治区零售业竞争力二级指标成分矩阵，根据表4－29可知，产业绩效、产业环境以及产业规模的因子载荷均大于0.9，表示公因子能很好地反映内蒙古自治区零售业竞争力指标的信息，产业潜力的因子载荷稍小，但也大于0.7，说明公因子基本可以表达其信息。因为只提取了一个公因子，所以无须对成分矩阵进行旋转，可以直接得出因子得分。

3. 因子得分及结果分析

表4－30为内蒙古自治区零售业竞争力二级指标成分得分系数矩阵，根据该表可以直接得出公因子的得分方程：

$$Y = 0.284 \times \text{产业绩效} + 0.228 \times \text{产业环境} + 0.288 \times \text{产业规模} + 0.287 \times \text{产业潜力} \quad (4-5)$$

将标准化处理后的二级指标数据代入式（4－5）可得内蒙古自

治区零售业竞争力最终得分（见表4－31）。

表4－30 内蒙古自治区零售业竞争力二级指标成分得分系数矩阵

指标	成分
	1
产业绩效	0. 284
产业环境	0. 228
产业规模	0. 288
产业潜力	0. 287

注：提取方法为主成分分析法；旋转法为具有 Kaiser 标准化的正交旋转法。

表4－31 内蒙古自治区零售业竞争力最终得分

年份	Y
2003	－1. 33626
2004	－1. 70868
2005	－0. 90186
2006	－0. 89288
2007	－0. 60552
2008	－0. 69501
2009	－0. 21735
2010	－0. 20098
2011	0. 39379
2012	0. 67499
2013	0. 84071
2014	1. 05389
2015	1. 12004
2016	1. 21307
2017	1. 26205

根据表4－31可以得到内蒙古自治区零售业竞争力走势。

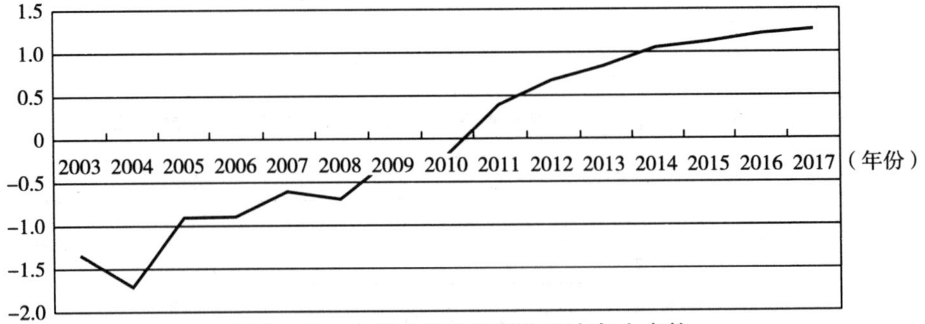

图 4－10　内蒙古自治区零售业竞争力走势

从图 4－10 中可知，内蒙古自治区零售业竞争力走势可以分为两个阶段：第一阶段为 2003～2010 年，这一阶段内蒙古自治区零售业竞争力波动幅度较大，在波动中竞争力不断增强。这一阶段内蒙古自治区总体经济不发达，经济发展速度不快，所以零售业竞争力较小，且增长速度缓慢。第二阶段为 2010～2017 年，这一阶段内蒙古自治区零售业竞争力呈现快速增长的趋势，在这一阶段内蒙古自治区零售业竞争力的影响因素主要是经济的转型调整以及互联网规模扩大带来的网络零售规模的扩大，在这两个因素的影响下，内蒙古自治区零售业竞争力实现了快速增长。

三、内蒙古自治区零售业竞争力水平横向比较

运用 SPSS 软件对全国 31 个省（自治区、直辖市）零售业竞争力进行实证分析，从而对内蒙古自治区零售业竞争力水平进行横向比较。

（一）因子分析过程

1. KMO 检验与 Bartlett 检验

本书的 KMO 检验与 Bartlett 检验结果如表 4－32 所示。

表 4－32 KMO 检验与 Bartlett 检验

KMO 检验与 Bartlett 检验		
取样足够度的 Kaiser－Meyer－Olkin 度量		0.620
Bartlett 检验	近似卡方	741.170
	df	136
	Sig.	0.000

KMO 检验值为 0.620，大于 0.6，而 Bartlett 检验值为 741.170，自由度为 136，相伴概率为 0.000，小于显著性水平 0.05。因此，原有变量适合进行因子分析。

2. 提取主因子

由相关矩阵计算得到因子变量的公因子方差、解释的总方差以及碎石图。

表 4－33 因子分析的公因子方差

指标	初始	提取
社会消费品零售总额	1.000	0.979
零售业销售总额	1.000	0.990
零售业资产总额	1.000	0.970

续表

指标	初始	提取
零售业从业人数	1.000	0.979
零售业销售额占社会消费品总额比重	1.000	0.860
社会消费品零售总额增长率	1.000	0.730
零售业销售额增长率	1.000	0.789
零售业资产总额增长率	1.000	0.656
零售业从业人数增长率	1.000	0.693
零售业利润率	1.000	0.656
零售业人均资产	1.000	0.905
零售业人均销售额	1.000	0.762
零售业销售额占 GDP 比重	1.000	0.766
GDP 总量	1.000	0.972
邮电业务总量	1.000	0.713
公路里程	1.000	0.642
居民消费水平	1.000	0.925

注：提取方法为主成分分析法。

表4－33是因子分析的公因子方差，“初始”列是因子分析初始解下的变量共同度，它表明对原有17个变量，如果采用主成分分析法提取17个特征根，那么原有变量的所有方差都可以被解释，变量的共同度为1。但因子分析的目的就是减少变量的数量，所以不可能提取全部的特征根。“提取”列是提取公因子后的变量共同度，通过表4－33我们发现绝大部分的变量都可以得到很好的解释，只有少量的变量提取值稍小，但也都大于0.6。因此，本书认为本次检验大部分信息都能得到解释，即可以认为因子提取的总体效果较为理想。

（1）总方差解释。

表4-34 总方差解释

成分	初始特征值			提取平方和载入			旋转平方和载入		
	合计	方差的%	累计%	合计	方差的%	累计%	合计	方差的%	累计%
1	6.460	37.998	37.998	6.460	37.998	37.998	5.838	34.342	34.342
2	3.736	21.976	59.974	3.736	21.976	59.974	3.057	17.983	52.325
3	2.381	14.008	73.981	2.381	14.008	73.981	2.706	15.920	68.245
4	1.411	8.299	82.281	1.411	8.299	82.281	2.386	14.037	82.282
5	0.843	4.958	87.239	—	—	—	—	—	—
6	0.696	4.094	91.333	—	—	—	—	—	—
7	0.422	2.484	93.816	—	—	—	—	—	—
8	0.376	2.209	96.026	—	—	—	—	—	—
9	0.223	1.315	97.340	—	—	—	—	—	—
10	0.179	1.054	98.394	—	—	—	—	—	—
11	0.143	0.842	99.236	—	—	—	—	—	—
12	0.061	0.359	99.595	—	—	—	—	—	—
13	0.047	0.275	99.870	—	—	—	—	—	—
14	0.011	0.065	99.936	—	—	—	—	—	—
15	0.008	0.046	99.982	—	—	—	—	—	—
16	0.002	0.013	99.995	—	—	—	—	—	—
17	0.001	0.005	100.000	—	—	—	—	—	—

注：提取方法为主成分分析法。

由上述分析结果可以看出，第一因子的特征值为5.838，方差在总方差中所占的比重为34.342%；第二因子的特征值为3.057，方差在总方差中所占的比重为17.983%；第三因子的特征值为2.706，方差在总方差中所占的比重为15.920%；第四因子的特征值为2.386，方差在总方差中所占的比重为14.037%。前4个因子的特征值均大于1，累计贡献率达82.282%，根据累计贡献率≥80%的原则，选择前4个主因子可以很好地描述地区零售业的竞争力水平。

（2）因子分析碎石图。

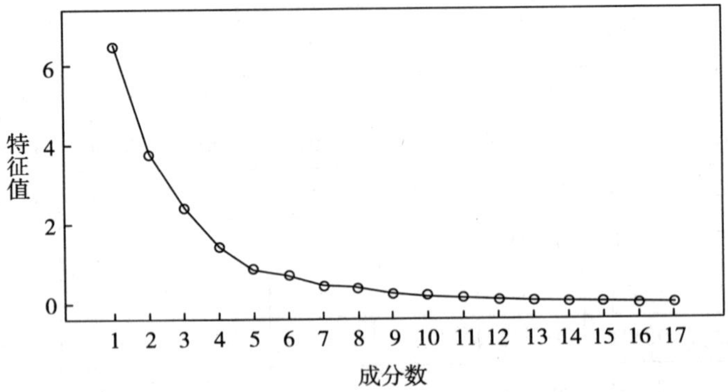

图4-11　因子分析碎石图

图4-11为因子分析结果的碎石图。碎石图的Y轴为特征值，特征值按大小排序。可以看出碎石图有一个明显的拐点，根据特征值大于1的原则要求，可以从另一个方面判断保留4个因子是较为合适的。

（3）因子载荷矩阵。

表4-35　旋转前的因子载荷矩阵

指标	成分			
	1	2	3	4
零售业销售总额	0.982	-0.160	0.032	0.013
零售业资产总额	0.973	-0.096	0.021	0.117
零售业从业人数	0.917	-0.367	0.048	-0.042
GDP总量	0.878	-0.427	0.002	0.138
社会消费品零售总额	0.851	-0.480	-0.024	0.154
邮电业务	0.812	-0.174	0.132	0.080

续表

指标	成分			
	1	2	3	4
居民消费水平	0.740	0.497	-0.328	-0.153
销售额占 GDP 比重	0.576	0.563	0.079	-0.334
公路里程	0.120	-0.775	0.117	0.119
零售业人均资产	0.246	0.719	-0.107	0.562
零售业销售额占社会消费品总额比重	0.440	0.712	0.165	-0.363
零售业人均销售额	0.397	0.679	-0.050	0.375
零售业从业人数增长率	-0.083	0.040	0.822	-0.095
零售业销售额增长率	-0.027	0.369	0.800	0.114
社会消费品零售总额增长率	-0.040	-0.410	0.729	-0.170
零售业资产总额增长率	0.058	0.311	0.574	0.475
零售业利润率	0.487	0.269	0.119	-0.576

注：①提取方法为主成分分析法。②已提取了 4 个成分。

表 4-35 为旋转前的因子载荷矩阵，观察公因子在不同变量上的载荷系数。载荷系数越大，表明公因子越能反映该指标因素。总体上看，大部分因素都能得到很好的反映，但是也有部分因素在各个公因子上都不能得到非常合适的反映。因此，应该对初始因子载荷矩阵进行因子旋转，经过旋转的因子载荷矩阵可以使每个观测变量仅在某一个公因子上有较大的负荷，而在其余公因子上的负荷较小或至多是中等大小，即旋转后的因子载荷系数明显更加极端，取值更加向 0 或 1 靠近。

表 4-36 为经过正交旋转后的因子载荷矩阵，与旋转前的因子载荷矩阵相比，其因子载荷系数更加极端，所有的变量在某一个公因子上都有较大的因子载荷系数。

表 4-36 旋转后的因子载荷矩阵

指标	成分			
	1	2	3	4
社会消费品零售总额	0.983	-0.050	-0.052	-0.086
零售业销售总额	0.947	0.293	0.088	-0.023
零售业资产总额	0.930	0.255	0.203	-0.015
零售业从业人数	0.966	0.183	-0.107	-0.030
零售业销售额占社会消费品总额比重	0.047	0.861	0.298	0.167
社会消费品零售总额增长率	0.147	-0.108	-0.507	0.663
零售业销售额增长率	-0.112	0.166	0.213	0.839
零售业资产总额增长率	0.035	-0.095	0.470	0.651
零售业从业人数增长率	-0.060	0.095	-0.170	0.807
零售业利润率	0.234	0.762	-0.135	0.053
零售业人均资产	0.010	0.132	0.942	0.019
零售业人均销售额	0.134	0.302	0.807	0.042
零售业销售额占 GDP 比重	0.230	0.803	0.255	0.065
GDP 总量	0.984	0.004	-0.025	-0.058
邮电业务总量	0.818	0.174	0.077	0.090
公路里程	0.454	-0.490	-0.439	0.052
居民消费水平	0.411	0.685	0.425	-0.327

注：①提取方法为主成分分析法；旋转法为具有 Kaiser 标准化的正交旋转法。②旋转在 6 次迭代后收敛。

3. 因子得分及排名

运用 SPSS17.0 统计软件，根据回归法计算出因子得分系数矩阵，如表 4-37 所示。

表 4－37　因子得分系数矩阵

指标	成分			
	1	2	3	4
社会消费品零售总额 X1	0.188	-0.099	0.015	-0.014
零售业销售总额 X2	0.156	0.030	0.005	0.004
零售业资产总额 X3	0.160	-0.012	0.068	0.010
零售业从业人数 X4	0.163	0.020	-0.063	0.001
零售业销售额占社会消费品总额比重 X5	-0.057	0.323	-0.044	0.052
社会消费品零售总额增长率 X6	0.037	0.030	-0.202	0.278
零售业销售额增长率 X7	-0.012	0.016	0.075	0.351
零售业资产总额增长率 X8	0.044	-0.169	0.257	0.286
零售业从业人数增长率 X9	-0.008	0.064	-0.090	0.334
零售业利润率 X10	-0.028	0.359	-0.225	0.004
零售业人均资产 X11	0.019	-0.148	0.420	0.020
零售业人均销售额 X12	0.023	-0.052	0.322	0.026
零售业销售额占 GDP 比重 X13	-0.021	0.291	-0.048	0.014
GDP 总量 X14	0.185	-0.081	0.016	-0.004
邮电业务总量 X15	0.144	-0.014	0.024	0.052
公路里程 X16	0.119	-0.172	-0.087	0.038
居民消费水平 X17	0.021	0.194	0.058	-0.142

表 4－37 是相应输出因子成分得分系数矩阵，因此可以得到各主因子的得分方程：

$$F1 = 0.188X1 + 0.156X2 + \cdots + 0.119X16 + 0.021X17 \tag{4-6}$$

$$F2 = (-0.099)X1 + 0.030X2 + \cdots + (-0.172)X16 + 0.194X17 \tag{4-7}$$

$$F3 = 0.015X1 + 0.005X2 + \cdots + (-0.087)X16 + 0.058X17 \tag{4-8}$$

$$F4 = (-0.014)X1 + 0.004X2 + \cdots + 0.038X16 + (-0.142)X17 \tag{4-9}$$

将各因子对应的方差贡献率作为权重来计算最终的综合得分 F，计算公式如下：

$$F = (34.342 \times F1 + 17.983 \times F2 + 15.920 \times F3 + 14.037 \times F4) / 82.282 \qquad (4-10)$$

根据式（4－6）、式（4－7）、式（4－8）、式（4－9），可以求得各省份 4 个主因子 F1、F2、F3、F4 的得分及排名（如表 4－38 所示），同时还可以根据式（4－10）求得各省份主因子的综合得分 F 及排名（如表 4－39 所示）。

表 4－38　各省份主因子得分及排名

地区	F1 得分	排名	F2 得分	排名	F3 得分	排名	F4 得分	排名
北京	0.23152	9	2.31122	2	2.08477	2	－0.94398	27
天津	－0.69483	25	－0.02254	12	2.42224	1	－2.21576	31
河北	0.19542	10	－0.98803	28	－0.97952	27	－0.01831	17
山西	－0.54363	22	－0.35439	21	0.01977	15	0.22763	12
内蒙古	－0.49649	21	－1.11302	29	0.02072	14	－2.07791	30
辽宁	－0.19431	14	－0.57733	24	0.69292	7	－1.43455	29
吉林	－0.55420	23	－0.61260	25	0.89343	5	0.25280	11
黑龙江	－0.45650	19	－0.82645	27	0.16326	12	－0.31847	21
上海	0.16306	11	3.58277	1	－0.11194	16	0.05923	16
江苏	2.11002	2	－0.17875	16	0.69746	6	－0.44712	23
浙江	1.34936	4	0.19866	8	0.48629	9	0.36238	9
安徽	0.02484	13	0.08734	10	－0.82871	25	0.16642	13
福建	0.11194	12	0.86173	5	－0.15288	17	1.48116	3
江西	－0.44195	18	－0.20495	17	－1.50935	30	0.06581	15
山东	1.79168	3	－0.72594	26	－0.51852	20	－0.87215	26
河南	0.72967	5	－0.24811	18	－1.73390	31	－0.46774	24
湖北	0.56159	8	0.08329	11	－0.76910	24	－0.67945	25
湖南	0.67393	6	－1.22589	30	1.82197	3	1.79987	2
广东	3.07757	1	－0.07088	14	0.14510	13	0.60639	8

续表

地区	F1 得分	排名	F2 得分	排名	F3 得分	排名	F4 得分	排名
广西	-0. 49534	20	-0. 46691	22	-0. 55801	23	1. 13852	5
海南	-1. 13096	29	0. 68155	6	0. 44797	10	0. 71360	7
重庆	-0. 40132	17	1. 09446	3	-1. 08920	29	-0. 34614	22
四川	0. 65319	7	-0. 57424	23	-0. 55490	22	-0. 12554	19
贵州	-0. 56375	24	0. 14659	9	0. 55834	8	2. 02018	1
云南	-0. 37967	16	-0. 09707	15	-0. 54845	21	-0. 03160	18
西藏	-0. 97559	28	-1. 34304	31	1. 22706	4	1. 34526	4
陕西	-0. 28567	15	0. 89401	4	-0. 96501	26	0. 71861	6
甘肃	-0. 92174	27	-0. 05499	13	-1. 01434	28	-1. 21735	28
青海	-1. 14179	30	-0. 30967	20	-0. 32492	18	-0. 20705	20
宁夏	-1. 20491	31	0. 32488	7	-0. 45822	19	0. 11294	14
新疆	-0. 79115	26	-0. 27170	19	0. 43566	11	0. 33231	10

表 4-39 各省份主因子的综合得分及排名

地区	F 得分	排名	地区	F 得分	排名
北京	0. 6945	3	湖北	-0. 0100	12
天津	-0. 1681	18	湖南	0. 5537	6
河北	-0. 2691	25	广东	1. 1524	1
山西	-0. 2153	22	广西	-0. 1831	19
内蒙古	-0. 6590	31	海南	-0. 0943	14
辽宁	-0. 2616	24	重庆	-0. 1630	17
吉林	-0. 1228	15	四川	0. 0151	10
黑龙江	-0. 3241	26	贵州	0. 2052	9
上海	0. 6908	4	云南	-0. 2396	23
江苏	0. 7408	2	西藏	-0. 1924	20
浙江	0. 6274	5	陕西	0. 0099	11
安徽	-0. 0843	13	甘肃	-0. 6588	30
福建	0. 3770	7	青海	-0. 5286	29
江西	-0. 4197	28	宁夏	-0. 4125	27
山东	0. 2798	8	新疆	-0. 2046	21
河南	-0. 1357	16			

（二）评价结果分析

本书基于2017年的数据和17个指标构建的综合评价体系，利用因子分析法对全国31个省（自治区、直辖市）的零售业竞争力水平进行了实证分析。

1. 产业规模分析

产业规模是零售业竞争力的根本。零售业的最终发展是不能偏离产业规模的增加。如果没有产业规模的扩张作为根基，零售业竞争力是无法表现出来的。从产业经济学的视角来说，产业规模是产业发展的根本，产业发展最初需要有比较大的产业规模为支撑。零售业竞争力的优势需要以产业规模的发展为根本。产业规模零售业竞争力评价中的第一因子F1，对零售业竞争力的贡献率达34.342%，内蒙古自治区零售业产业规模因子F1得分为-0.49649，排名在第21位，内蒙古自治区零售业的发展规模在全国31个省份中较为落后。内蒙古自治区零售业经营规模较小，基础设施建设比较落后，是制约内蒙古自治区零售业发展的重要“瓶颈”。此外，内蒙古自治区零售业从业人员比较少，不能满足消费者所需要的先进的管理水平、服务水平和质量。所以，内蒙古自治区要想提高零售业发展水平，必须先加快规模建设。在经济高速发展的今天，人们的消费需求在不断提高，因此在当前的形势下，内蒙古自治区短期内应该有针对性地扩大规模，满足人们对消费的需求。

2. 产业潜力分析

零售业竞争力不仅要关注目前的发展状况，更要注重其发展潜力，即零售业的成长性。随着互联网越来越普遍地运用于零售业各个环节，零售业的发展速度越来越快，逐渐成为产业竞争力提高的重要前提。零售业的发展潜力，一方面极大地依赖于市场潜力的扩大以及相关产业的发展，另一方面也与零售业自身不断成长壮大息息相关。代表内蒙古自治区零售业产业潜力的主因子 F2 上的得分为 -1.11302，排在第 29 位，几乎垫底，这说明内蒙古自治区零售业的市场潜力并不理想，内蒙古自治区的居民消费水平不高，零售业的对外开放程度相对较低，并且 F2 的方差贡献率仅占 17.983%，由此降低了内蒙古自治区零售业的综合竞争力水平。

3. 产业绩效分析

产业绩效是提升零售业竞争力较为重要的环节，产业成长发展良好与否，最终归根于产业绩效的发展上。如果没有比较优良的产业绩效，产业成长发展就会缺少强大的后方支撑。零售业的绩效势必关系到零售业未来发展，唯有拥有比较好的绩效，零售业的发展才有可能具有强大的根基。产业绩效是评价零售业竞争力水平的关键指标，从这方面来看，内蒙古自治区零售业的产业绩效得分为 0.02072，排在全国 31 个省份的中游，排在西部地区的前列，但与中东部地区还有很大差距，其要素的投入产出效益和生产效率有待提高。

4. 产业环境分析

产业环境是零售业竞争力发展的一个重要外部支柱，产业的发展必然需要良好的关联产业和支撑产业、比较优异的地区国民经济发展水平。零售业的成长也是这样。零售业的成长与区域国民经济水平发展、地区居民消费所处状态紧密相连，其发展与物流产业的支撑是不能分离的。如果没有过硬的物流业、通信业以及交通业作为支撑，就不会有过硬的商业流通，零售业也是很难成长起来的。从零售业发展环境来看，内蒙古自治区零售业发展环境得分为 -2.07791，在全国31个省份中排名第30位，正因为内蒙古自治区零售业的产业环境发展较差，妨碍了零售业竞争力未来发展，所以，改善内蒙古自治区零售业环境，是推动内蒙古自治区零售业快速发展的重要途径。

零售业竞争力是相对比较综合的一种优势表现，如果只依赖其中一个角度发展是行不通的，倘若想要提升零售业竞争力，那就需要产业规模、产业潜力、产业绩效、产业环境同步发展。从表4-39中可以看出：内蒙古自治区零售业竞争力得分处于全国的末位，综合得分仅有 -0.6590。内蒙古自治区零售业与全国其他省份相比，整体发展水平比较低，提高内蒙古自治区零售业竞争力还需要影响零售业竞争力的四个角度统筹发展。内蒙古自治区零售业在产业规模、产业潜力、产业绩效、产业环境四项指标的分值和排名均在全国31个省份中靠后，这些指标的分值和排名反映了内蒙古自治区零售业发展规模滞后、要素的投入产出效益低、成长性和增长力后劲不足等问题。然而，零售业综合发展水平高的广东、江苏、北京、上海的市场已经出现了饱和或临近饱和状态，未来我国零售业的增长将主要来自中西部地区，内蒙古自治区零售业的发展还有很大的空间和潜力。内蒙古自治区零售业发展水平的提高必须从产业规模的扩大、企业运营能力效率的提高以及市场环境和配套基础设施的改善等方面着手，从多个方面同时进行优化。

四、内蒙古自治区零售业竞争力评价

通过以上分析的实证结果可以得出，内蒙古自治区零售业竞争力在全国31个省份中处于倒数的位置。虽然内蒙古自治区零售业的竞争优势并不明显，但还是能够看到未来需要重点利用的优势和发展的方向。下面从优势和劣势两个方面对内蒙古自治区零售业竞争力状况进行全面的评价。

1. 内蒙古自治区零售业竞争力优势

内蒙古自治区零售业竞争力优势在于其产业绩效良好。产业绩效不仅能够反映产业的经济效益，同时也能够反映产业的运营能力。企业的盈利能力越强、利润率越高，企业的运营能力越强，产业才越有可能实现可持续发展。相比产业规模、产业潜力以及产业环境指标，内蒙古自治区产业绩效指标则处于良性发展状态。从具体的指标来看，2017年内蒙古自治区零售业的人均销售额146.89万元，销售总额占GDP的比重达8.87%，两项数据都处于西部地区的前列，这说明零售业是内蒙古自治区经济发展的一个重要的经济增长点，具有一定的发展前景。

2. 内蒙古自治区零售业竞争力劣势

（1）零售业的规模化程度比较低。

内蒙古自治区零售业总体经营分散，社会消费品零售总额、零售业销售总额、零售业资产总额以及零售业从业人数等发展缓慢，从表4－38中可以看出，内蒙古自治区零售业在第一个主成分产业规模指标的得分为－0.49649，排名第21位，说明内蒙古自治区的零售业经营规模不理想。从内蒙古自治区零售业发展的实际情况来看，2017年内蒙古自治区社会消费品零售总额仅为7160.2319亿元，零售业销售总额为1429.1093亿元，零售业资产总额704.5010亿元，零售业从业人数为97289人，这四项指标基本都垫底，说明内蒙古自治区零售业发展的规模化水平很低，消费市场不够广阔，零售业发展的市场需求条件不足，这也是内蒙古自治区零售业难以快速进步的主要原因。

（2）产业发展潜力较低，缺乏竞争力。

零售业的发展潜力越大，产业的发展前景也就越好。从内蒙古自治区零售业的发展潜力看，其零售业的前景不太乐观，关键在于能否立足于本地的优势去挖掘现有的潜力。2017年内蒙古自治区零售业销售总额为负增长，增长率为－24.39%，零售业资产总额增长率为－16.62%，零售业从业人员也为负增长，增长率为－13.42%，发展极为缓慢，这说明内蒙古自治区零售业的发展处于停滞甚至倒退状态，零售业的发展举步维艰。

内蒙古自治区零售业的市场发展潜力不足，与经济发达地区差距较大，究其原因，本书认为，一是内蒙古自治区的经济发展还比较落后，消费能力有限，造成区域内消费需求不足，加上商品供给结构未能满足需求结构的改变，以至于不能及时满足不同收入水平的消费群体的需要。二是内蒙古自治区城市辐射带动能力不强，中小城市经济发展水平不高，使零售业发展缺乏载体支撑和需求基础，加上城市化水平低，农村的消费环境又得不到有效改善，农村居民的消费需求没有完全被开发出来，从而很多资源没有被有效利用起来。

（3）产业环境难以起到良好的支持作用。

产业的发展环境是零售业发展的先决条件，良好的产业发展环境必然会对零售业的发展起到推动作用。内蒙古自治区零售业的产业环境不容乐观，基础设施建设滞后，公路里程、邮电总量和地区经济总量发展水平都处于较低的水平，无论是公路里程还是邮电总量都处于倒数的位置，这说明内蒙古自治区经济发展环境很难为零售业发展提供良好的支持。另外，国外和区外的大型零售企业纷纷落户内蒙古自治区，零售业竞争加剧，使内蒙古自治区零售业的销售利润率很低，而零售业环境的恶化又必然会阻碍内蒙古自治区经济的发展，使其陷入经济与产业发展的恶性循环。

综上所述，本书认为，造成内蒙古自治区零售企业竞争力低下的原因主要有以下几点：

第一，价格战是导致内蒙古自治区零售业低利润率的直接原因。零售企业始终存在“重促销力度，轻营销商品；重价格促销，轻深度营销”的问题。企业之间经营战略差异化不明显、同质化严重，促销手法粗放，为了实现销售额，以价格战为代表的单一营销模式最为常见。频繁的价格促销无形中加剧了消费者对价格的敏感度，造成消费者“不搞活动不买东西，一有活动就人山人海”现象，虽然商店的销售额上去了，但企业利润却没有跟着增加。同时，不合理的让利活动以及服务质量得不到根本提升，还有可能造成消费者的品牌忠诚度下降，对该商品和商家失去信心，进而使企业失去竞争力。

第二，零供关系恶化。长期以来，零售业除了借助“价格促销”这种粗放的经营方式，零售企业向供应商收取名目众多的通道费用也是一种很普遍的盈利模式，并且还经常出现延迟向供应商还款或压低进货价格等行为，这些模式和行为激化了零供矛盾。2017年，内蒙古自治区大中型零售企业的资产负债率达80.7%，高负债率增加了内蒙古自治区零售企业的偿债风险，而供应商的“排斥情绪”也会导致其对零售商隐藏一些有益信息，从而使双方都难以实现利益的最大化。

第三，零售业信息技术落后，物流配送体系不完善。零售信息技术的应用离不开资金支持，然而内蒙古自治区零售企业大多属于中小型企业，资金短缺，零售业信息化建设不足，导致零售企业不能及时根据顾客需要，改进相应的商品和服务，同时与供应商之间缺乏及时的沟通，也抑制了有效信息的流动，从而降低了企业的运行效率。此外，资金短缺和信息技术的落后也导致了物流体系的不成熟，从而增加了物流过程中的成本支出，阻碍了盈利能力的提高。

第四，零售人才短缺。目前内蒙古自治区零售企业的经营者与管理者大多属于传统型和经验型人才，缺乏品牌、营销以及信息技术方面的知识，创新意识不强，缺乏先进的经营理念和管理方法，阻碍了零售企业盈利能力的提高。同时，作为顾客和公司实体连接点的基层员工普遍存在着学历低、热情度不高、工作散漫、服务质量差等问题，这都会导致企业利润的损失。此外，内蒙古自治区零售人才流失也比较严重。这一方面是因为大量零售人才流向零售业发达的京沪及东南沿海地区；另一方面是因为在企业并购重组进程中，企业之间的研究化冲突也会致使人才流失。

第五，缺少自有品牌支撑。实践证明，自有品牌产品能够给零售商带来更多利润，提高顾客的忠诚度，国内外很多大型零售企业为了增强企业的竞争力都创建了自有品牌产品。然而，目前内蒙古自治区零售业缺少有影响力的自有品牌企业，这使区内零售企业在与国内外零售商竞争的过程中处于劣势。

第五章 内蒙古自治区十二个盟市的零售业竞争力实证分析

一、数据来源与数据处理

本部分实证分析所需数据来源于《内蒙古自治区统计年鉴》(2004～2018年)。鉴于《内蒙古自治区统计年鉴》缺少对各盟市零售企业资产总额的统计数据，在对内蒙古自治区12个盟市零售业竞争力进行实证分析时，对指标体系进行适当的调整，剔除了零售业资产总额、零售业资产总额增长率以及零售业人均资产三项指标，新的指标体系依然选取产业规模、产业潜力、产业绩效以及产业环境四个一级指标，二级指标由原来的17个变为14个。为了使分析数据在数量上有更强的可比性与一致性，消除单位不一致对分析的干扰，需要对数据进行标准化处理，使所分析的数据符合标准正态分布（均值为0，标准差为1）。因此，本书首先利用SPSS的分析工具对原始数据进行了标准化处理。

二、因子分析过程

运用 SPSS17.0 软件，采用因子分析法，对内蒙古自治区 12 个盟市的零售业竞争力状况进行因子分析，得出结果如下：

1. KMO 检验与 Bartlett 检验

KMO 检验与 Bartlett 检验结果如表 5-1 所示。

表 5-1　KMO 检验与 Bartlett 检验

KMO 检验与 Bartlett 检验		
取样足够度的 Kaiser-Meyer-Olkin 度量		0.685
Bartlett 检验	近似卡方	117.870
	df	35
	Sig.	0.000

KMO 检验值为 0.685，大于 0.6，而 Bartlett 检验值为 117.870，自由度为 35，相伴概率为 0.000，小于显著性水平 0.05。因此，原有变量适合进行因子分析。

2. 提取主因子

由相关矩阵计算得到因子变量的公因子方差、解释的总方差以及碎石图。

表 5-2　因子分析的公因子方差

指标	初始	提取
社会消费品零售总额	1.000	0.977
零售业销售总额	1.000	0.980
零售业从业人数	1.000	0.938
零售业销售额占社会消费品总额比重	1.000	0.717
社会消费品零售总额增长率	1.000	0.936
零售业销售额增长率	1.000	0.875
零售业从业人数增长率	1.000	0.828
零售业利润率	1.000	0.880
零售业人均销售额	1.000	0.813
零售业销售额占 GDP 比重	1.000	0.690
GDP 总量	1.000	0.774
邮电业务总量	1.000	0.909
公路里程	1.000	0.836
居民消费水平	1.000	0.835

注：提取方法为主成分分析法。

表 5-2 是因子分析的公因子方差，“初始”列是因子分析初始解下的变量共同度，它表明对原有 14 个变量，如果采用主成分分析法提取 14 个特征根，那么原有变量的所有方差都可以被解释，变量的共同度为 1。但是因子分析的目的就是减少变量的数量，所以不可能提取全部的特征根。“提取”列是提取公因子后的变量共同度，通过表 5-2 我们发现绝大部分的变量都可以得到很好的解释，只有少量的变量提取值稍小，但也都大于0.6。因此，本书认为本次检验大部分信息都能得到解释，可以认为因子提取的总体效果较为理想。

（1）总方差解释。

表 5-3　总方差解释

成分	初始特征值			提取平方和载入			旋转平方和载入		
	合计	方差的%	累计%	合计	方差的%	累计%	合计	方差的%	累计%
1	6.026	43.046	43.046	6.026	43.046	43.046	4.877	34.837	34.837
2	2.492	17.800	60.846	2.492	17.800	60.846	2.939	20.989	55.827
3	2.272	16.226	77.072	2.272	16.226	77.072	2.622	18.728	74.555
4	1.199	8.567	85.639	1.199	8.567	85.639	1.552	11.085	85.639
5	0.840	6.002	91.642	—	—	—	—	—	—
6	0.575	4.105	95.746	—	—	—	—	—	—
7	0.257	1.838	97.584	—	—	—	—	—	—
8	0.205	1.466	99.051	—	—	—	—	—	—
9	0.102	0.727	99.778	—	—	—	—	—	—
10	0.025	0.181	99.959	—	—	—	—	—	—
11	0.006	0.041	100.000	—	—	—	—	—	—
12	1.767E-16	1.262E-15	100.000	—	—	—	—	—	—
13	7.209E-17	5.150E-16	100.000	—	—	—	—	—	—
14	-8.586E-17	-6.133E-16	100.000	—	—	—	—	—	—

注：提取方法为主成分分析法。

由上述分析结果可以看出，第一因子的特征值为4.877，方差在总方差中所占的比重为34.837%；第二因子的特征值为2.939，方差在总方差中所占的比重为20.989%；第三因子的特征值为2.622，方差在总方差中所占的比重为18.728%；第四因子的特征值为1.552，方差在总方差中所占的比重为11.085%。前4个因子的特征值均大于1，累计贡献率达85.639%，根据累计贡献率≥80%，选择前4个主因子可以很好地描述地区零售业的竞争力水平。

（2）因子分析碎石图。

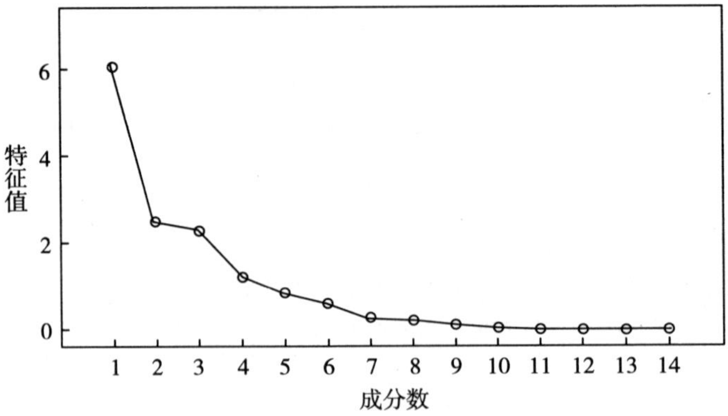

图 5－1　因子分析碎石图

图 5－1 为因子分析结果的碎石图。碎石图的 Y 轴为特征值，特征值按大小排序。可以看出碎石图有一个明显的拐点，根据特征值大于 1 的原则要求，可以从另一个方面判断保留 4 个因子是较为合适的。

（3）因子载荷矩阵。

表 5－4　旋转前的因子载荷矩阵

指标	成分			
	1	2	3	4
零售业销售总额	0.980	0.133	0.047	－0.022
社会消费品零售总额	0.974	0.022	0.164	0.041
零售业从业人数	0.838	－0.409	0.216	0.147
GDP 总量	0.804	0.342	0.090	0.052
邮电业务总量	0.803	－0.375	0.335	0.111
零售业销售额占 GDP 比重	0.760	－0.090	0.118	0.300
零售业销售额占社会消费品总额比重	0.692	0.446	－0.195	0.035
零售业销售额增长率	－0.430	0.768	－0.264	0.179
零售业人均销售额	0.488	0.742	－0.007	－0.158

续表

指标	成分			
	1	2	3	4
零售业从业人数增长率	-0.217	-0.584	-0.461	0.477
公路里程	-0.238	0.391	0.767	0.196
社会消费品零售总额增长率	-0.599	0.152	0.744	-0.028
居民消费水平	0.419	0.099	-0.706	-0.390
零售业利润率	0.095	-0.418	0.320	-0.771

注：①提取方法为主成分分析法。②已提取了4个成分。

表5-4为旋转前的因子载荷矩阵，观察公因子在不同的变量上的载荷系数。载荷系数越大，表明公因子越能反映该指标因素。总体上看，大部分因素都能得到很好的反映，但是也有部分因素在各个公因子上都不能得到非常合适的反映。因此，应该对初始因子载荷矩阵进行因子旋转，经过旋转的因子载荷矩阵可以使每个观测变量仅在某一个公因子上有较大的负荷，而在其余公因子上的负荷较小或至多是中等大小，即旋转后的因子载荷系数明显更加极端，取值更加向0或1靠近。

表5-5 旋转后的因子载荷矩阵

指标	成分			
	1	2	3	4
零售业从业人数	0.950	-0.020	0.115	-0.150
邮电业务总量	0.931	0.018	0.000	-0.203
社会消费品零售总额	0.876	0.426	0.161	-0.045
零售业销售额占GDP比重	0.799	0.147	0.086	0.149
零售业销售总额	0.791	0.532	0.266	-0.013
零售业销售额增长率	-0.634	0.366	-0.078	0.577

续表

指标	成分			
	1	2	3	4
GDP 总量	0. 610	0. 610	0. 115	0. 130
零售业人均销售额	0. 119	0. 874	0. 085	0. 165
零售业从业人数增长率	0. 022	-0. 792	0. 318	0. 314
零售业销售额占社会消费品总额比重	0. 395	0. 626	0. 321	0. 257
社会消费品零售总额增长率	-0. 352	-0. 039	-0. 882	-0. 181
公路里程	-0. 048	0. 232	-0. 879	0. 089
居民消费水平	-0. 002	0. 326	0. 851	-0. 072
零售业利润率	0. 069	0. 002	0. 006	-0. 936

注：①提取方法为主成分分析法；旋转法具有 Kaiser 标准化的正交旋转法。②旋转在 9 次迭代后收敛。

表 5 -5 为经过正交旋转后的因子载荷矩阵，与旋转前的因子载荷矩阵相比，其因子载荷系数更加极端，所有的变量在某一个公因子上都有较大的因子载荷系数。

3. 因子得分及排名

将主因子定义后，运用 SPSS17. 0 统计软件，根据回归法计算出因子得分系数矩阵，如表 5 -6 所示。

表 5 -6　因子得分系数矩阵

指标	成分			
	1	2	3	4
社会消费品零售总额 X1	0. 165	0. 070	-0. 021	0. 003
零售业销售总额 X2	0. 120	0. 121	0. 031	-0. 006
零售业从业人数 X3	0. 236	-0. 112	-0. 042	-0. 002
零售业销售额占社会消费品总额比重 X4	0. 023	0. 177	0. 078	0. 124

续表

指标	成分			
	1	2	3	4
社会消费品零售总额增长率 X5	-0.018	0.051	-0.330	-0.098
零售业销售额增长率 X6	-0.148	0.160	-0.008	0.297
零售业从业人数增长率 X7	0.111	-0.372	0.109	0.304
零售业利润率 X8	-0.091	0.112	0.067	-0.660
零售业人均销售额 X9	-0.071	0.328	0.013	0.013
零售业销售额占 GDP 的比重 X10	0.211	-0.062	-0.061	0.174
GDP 总量 X11	0.093	0.158	-0.025	0.077
邮电业务总量 X12	0.233	-0.087	-0.086	-0.039
公路里程 X13	0.063	0.089	-0.382	0.096
居民消费水平 X14	-0.144	0.147	0.376	-0.159

表5-6是相应输出因子成分得分系数矩阵，因此可以得到各主因子的得分方程如下：

$$F1 = 0.165X1 + 0.120X2 + \cdots + 0.063X13 + (-0.144)X14 \quad (5-1)$$

$$F2 = 0.070X1 + 0.121X2 + \cdots + 0.089X13 + 0.147X14 \quad (5-2)$$

$$F3 = (-0.021)X1 + 0.031X2 + \cdots + (-0.382)X13 + 0.376X14 \quad (5-3)$$

$$F4 = 0.003X1 + (-0.006)X2 + \cdots + 0.096X13 + (-0.159)X14 \quad (5-4)$$

由各因子对应的方差贡献率作为权重来计算最终的综合得分 F，计算公式如下：

$$F = (34.837 \times F1 + 20.989 \times F2 + 18.728 \times F3 + 11.085 \times F4) / 85.639 \quad (5-5)$$

根据式（5-1）、式（5-2）、式（5-3）、式（5-4），可以

求得各地区4个主因子F1、F2、F3、F4的得分及排名（如表5-7所示），同时还可以根据式（5-5）求得各地区主因子的综合得分F及排名（如表5-8所示）。

表5-7 各盟市主因子得分及排名

地区	F1得分	排名	F2得分	排名	F3得分	排名	F4得分	排名
呼和浩特市	2.56993	1	-0.75447	9	0.86216	4	-0.55884	10
包头市	0.66103	2	2.22432	1	1.15985	3	-0.09544	6
呼伦贝尔市	0.13723	4	-0.05019	6	-0.75257	10	0.59838	3
兴安盟	-0.05672	8	-0.96359	11	-0.32984	7	2.20851	1
通辽市	0.09953	5	-0.50137	8	-0.47370	8	0.20751	5
赤峰市	0.43436	3	0.17451	5	-1.66363	12	-0.22501	7
锡林郭勒盟	-0.78818	9	0.28638	4	0.02933	5	-0.54470	9
乌兰察布市	-0.02172	7	-1.14401	12	-0.51388	9	-1.54801	12
鄂尔多斯市	-0.01698	6	1.04922	2	0.00239	6	1.16854	2
巴彦淖尔市	-0.85382	10	0.95502	3	-1.06740	11	-1.02355	11
乌海市	-1.23067	12	-0.80028	10	1.55551	1	-0.42954	8
阿拉善盟	-0.93399	11	-0.47556	7	1.19178	2	0.24214	4

表5-8 各盟市主因子的综合得分及排名

地区	F得分	排名
呼和浩特市	1.06410	1
包头市	0.86057	2
呼伦贝尔市	-0.02072	4
兴安盟	-0.06020	5
通辽市	-0.10549	7
赤峰市	-0.07124	6
锡林郭勒盟	-0.33026	9
乌兰察布市	-0.42905	10
鄂尔多斯市	0.27998	3

续表

地区	F 得分	排名
巴彦淖尔市	-0.45853	12
乌海市	-0.45661	11
阿拉善盟	-0.27256	8

三、内蒙古自治区各盟市零售业竞争力评价结果分析

本书基于2017年的数据和14个指标构建综合评价体系，利用因子分析法对内蒙古自治区12个盟市的零售业竞争力水平进行了实证分析，评价结果分析如下：

1. 产业规模分析

呼和浩特市零售业综合竞争力在12个盟市中位居第一，一个非常重要的原因就是零售业竞争力评价中的第一因子产业规模F1，对零售业竞争力的贡献率达34.837%。呼和浩特市零售业产业规模因子得分F1为2.56993，排名第一位，包头市、赤峰市分别排在第二位、第三位。呼和浩特市的产业规模远远高于其他盟市，从目前数字来看，其他盟市的产业规模暂时没有超越呼和浩特市的希望，出现了“一枝独大”的局面。

2. 产业潜力分析

包头市、鄂尔多斯市、巴彦淖尔市在代表零售业产业潜力的主

因子 F2 上的得分分别为 2. 22432、1. 04922 以及 0. 95502，分别位列第一位、第二位以及第三位，这说明这三市零售业发展前景良好，零售企业的成长空间很大。

3. 产业绩效分析

产业绩效是提升零售业竞争力较为重要的环节，产业成长发展的好与否，最终归根于产业绩效的发展上。乌海市零售业产业绩效因子得分在内蒙古自治区 12 个盟市中位列第一，赤峰市得分最低，排在最后一位。

4. 产业环境分析

良好的关联产业和支撑产业、较高的地区国民经济发展水平是零售业发展的重要外部支柱。内蒙古自治区 12 个盟市中兴安盟、鄂尔多斯市和呼伦贝尔市相对来说产业环境较好。

通过比较全国零售业竞争力的排名与内蒙古自治区各盟市零售业竞争力的排名可以发现，呼和浩特市的零售业竞争力水平不能完全反映内蒙古自治区零售业整体竞争力水平，内蒙古自治区零售业竞争力水平出现严重分层的状况。呼和浩特市、包头市以及鄂尔多斯市的综合竞争力水平大于零，其他盟市的综合竞争力水平均小于零，呼包鄂三市无论人口规模还是经济总量在自治区都处于前位，也是内蒙古自治区零售业竞争力较强的地区。

第六章

内蒙古自治区零售业竞争力影响因素分析

对影响零售业竞争力水平的因素进行深入的研究，不仅可以找出哪些因素对零售业的发展影响显著，而且能找出这些因素影响零售业发展的作用机理，进而为提升零售业发展的相关对策建议提供科学的理论依据，通过对这些核心影响因素进行研究，最终达到提高零售业竞争力水平的目的。因此，本章在前面章节研究的基础上，采用灰色关联法对内蒙古自治区零售业竞争力水平的影响因素进行实证分析。

一、灰色关联法的基本原理

（一）灰色关联法的内涵及特征

灰色系统理论是20世纪80年代由邓聚龙教授首先提出并创建

的一种新兴的基于数学理论系统工程学科。灰色系统理论主要是对少数据、贫信息的不确定性问题进行研究的一种方法。其主要以“部分信息已知，部分信息未知”的“小样本”“贫信息”不确定系统为研究对象。我们通常把信息未知的事物用“黑”表示，把信息完全明确的事物用“白”表示，把部分信息明确、部分信息不明确的事物用“灰”表示。因此，信息未知的系统称为黑色系统，信息完全明确的系统称为白色系统，部分信息明确、部分信息不明确的系统称为灰色系统。灰色系统理论包括灰色预测理论和决策理论、灰色系统分析和控制理论以及灰色关联分析理论等。灰色系统理论对研究数据没有明确的要求，因此在经济、社会、工农业等方面应用广泛。

（二）灰色关联度的计算方法

灰色关联度评价方法是根据相应灰色序列曲线的几何形状相似程度，判定其间联系是否紧密。关联度作为一种技术方法，可以分析系统间各因素之间的关联程度，曲线越相近或者重合度越大，相应序列之间的关联度就越高，反之就越低。

1. 参考数列与比较数列的确定

假设每个指标序列对应 m 个单元，每个单元有 n 个评价指标，x_{ij}表示第 i 个单元第 j 个指标的数值，构成比较数列：

$X_i=(x_{i1}, x_{i2}, \cdots, x_{in})(i=1, 2, \cdots, m)$

则所有单元的原始指标可构成如下矩阵：

$$X=(x_{ij})_{m\times n}=\begin{bmatrix} x_{11} & x_{12} & \cdots & x_{1n} \\ x_{21} & x_{22} & \cdots & x_{2n} \\ \cdots & \cdots & \cdots & \cdots \\ x_{m1} & x_{m2} & \cdots & x_{mn} \end{bmatrix}(i=1,\ 2,\ \cdots,\ m;\ j=1,\ 2,\ \cdots,\ n)$$

再从上述矩阵中选取每个指标在所有单元中的最优值 $x_{0j}(j=1,\ 2,\ \cdots,\ n)$，构成参考数列 X_0，可表示为：$X_0=(x_{01},\ x_{02},\ \cdots,\ x_{0n})$

需要注意的是，在求每个指标的最优值时，指标类型不同，取值方法也就不同：若指标为正指标，则指标值越大越好；若指标为逆指标，则指标值越小越好；若指标为适度型指标，则指标值越趋近于某一个适度点越好；若指标为区间型指标，那么指标值越趋近于某一确定区间越好。

2. 原始数据的无量纲化处理

为消除单位不一致的影响，常用的无量纲化方法有标准化法、均值化法、阈值法等，本章考虑到方法的适用性和便利性，选取均值化方法对原始数据做无量纲化处理，即先确定序列的均值，然后用均值去除序列中的每一项原始数据，得到转换后的序列，最终形成一个无量纲化矩阵 Y：

$$Y=(y_{ij})_{m\times n}=\begin{bmatrix} y_{11} & y_{12} & \cdots & y_{1n} \\ y_{21} & y_{22} & \cdots & y_{2n} \\ \cdots & \cdots & \cdots & \cdots \\ y_{m1} & y_{m2} & \cdots & y_{mn} \end{bmatrix}$$

而数列 X_0 中的指标值经上述规范化处理后得到参考数列 Y_0：

$Y_0=(y_{01},\ y_{02},\ \cdots,\ y_{0n})$

3. 灰色关联系数的计算

关联系数实质上是反映参考数列曲线和比较数列曲线间差别程度的变量，可以用参考数列与比较数列在各个指标上的差值作为关联程度的衡量尺度。利用式（6－1）求第 i 个评价单元在第 j 个指标与这个指标的最优指标上的关联系数，即

$$\xi_{ij}=\frac{\min\limits_{i}\min\limits_{j}\Delta_{ij}+\rho\max\limits_{i}\max\limits_{j}\Delta_{ij}}{\Delta_{ij}+\rho\max\limits_{i}\max\limits_{j}\Delta_{ij}} \tag{6-1}$$

其中，$\Delta_{ij}=|y_{0j}-y_{ij}|(i=1,2,\cdots,m;j=1,2,\cdots,n)$

式（6－1）中 ρ 是分辨系数，它的意义在于削弱参考数列对 $|y_{0j}-y_{ij}|$ 失真的影响。一般来说，ρ 的取值在 0～1 之间，ρ 越小，则分辨力越大。通常情况下，ρ 取值为 0.5。

利用式（6－1）计算得到第 i 个单元的第 j 个指标与第 j 个最优指标的关联系数 ξ_{ij}，构成关联系数矩阵 E：

$$E=(\xi_{ij})_{m\times n}=\begin{bmatrix}\xi_{11} & \xi_{12} & \cdots & \xi_{1n}\\ \xi_{21} & \xi_{22} & \cdots & \xi_{2n}\\ \cdots & \cdots & \cdots & \cdots\\ \xi_{m1} & \xi_{m2} & \cdots & \xi_{mn}\end{bmatrix}$$

4. 计算关联度

根据关联系数矩阵可以计算出关联度，并进行排序。

$$r_i=\frac{1}{n}\sum_{j=1}^{n}\xi_{ij} \tag{6-2}$$

二、灰色关联法的指标选取过程

零售业是一个重要的产业部门，时刻影响着国家和区域的发展，并且在社会化分工行为中起到不可替代的作用。这一行业的竞争实力体现在国内和区域两个方面。零售业竞争力是一国或者一个地区企业与其他国家或地区企业进行竞争时争夺有利于自身发展的资源且能及时为消费者提供在产品和价格上相对有竞争力商品的能力。波特的竞争优势理论认为一国或区域产业的发展取决于其在竞争领域中的优势和能力。而要取得这种范围内的优势，关键在于四个基本要素和两个辅助要素的整合。本书以“钻石模型”为理论基础，从生产要素，需求条件，相关及支持产业，企业的战略、结构和同业竞争四个方面，加之政府共同作用，考虑零售业竞争力的影响因素。不选取机遇的原因在于：机遇属于突发要素，具有偶然性和随机性，企业难以控制。

（一）生产要素方面

人力资源、知识资源、基础设施等资源共同构成了一个国家的客观要素资源。这些要素可以分为基本要素和高级要素两大类。天然方面的因素比较基本，而反映基础设施建设、高技术工人、专门知识方面的因素称为高级要素。波特认为高级要素在获得优势实力的过程中起到更重要的作用。就零售业而言，这些生产要素则大致包括资金、技术、人力资源、土地、基础设施建设、供货商等。

在人力资源上，内蒙古自治区零售业从业人员整体素质普遍偏低，以大专以下学历人员为主体，缺乏经营管理人才以及技术过硬人才。因此，要想推动内蒙古自治区零售业发展，需要强化人才战略，引进大量具有较高管理能力且经验丰富的人才来推动整个产业的发展。在资本投入上，零售企业要想做大做强，可以依靠自有资金扩大店面、新增门店，但是这种方式发展比较缓慢，会限制企业规模扩张，不利于竞争力的提升。因此可以通过投融资等金融行为拓宽资本渠道，加速企业规模扩张，从而增加零售业竞争力。

（二）需求条件方面

一般来讲，一个行业的发展水平与其经济水平相关。因此，零售业实力也取决于一个地区的经济发展水平。经济发展水平决定了居民可支配收入水平，居民可支配收入水平高的地区因其居民具有较强劲的消费能力，会对产品产生相对旺盛的需求，从而能在一定程度上提高地区零售业竞争实力水平。零售业供应的商品主要是满足生活基本需求的商品，如食品、日用品、服装等，从这个角度来看，需求很充裕，这也符合马斯洛的需求层次理论。我们将 GDP 与销售额联系起来，可以看出，一个地区 GDP 越大，需求也越大，产业规模就越大，零售业才可能具有竞争力。居民消费能力的提升以及消费结构的优化升级，大大激发了居民对零售产品的需求潜力，对于零售产品的需求量与日俱增，市场需求基础十分庞大，从根本上为内蒙古自治区零售业的进一步发展壮大提供了发展动力。

（三）相关及支持产业方面

如果与一国某一产业相关的多数辅助产业在国际上具有更强大的实力，那么该行业就获得了取得领先的前提条件。这种能力能保证企业在生产要素方面的投资可以通过辐射效应扩散到该行业中，有利于该行业取得竞争优势。零售业联系生产与消费，具有很强的产业关联度，需要不断加强相关产业之间的合作。随着电子信息时代的到来和流通领域的成熟完善，零售业上游产业及下游产业在不断进步。电子商务不断发展和成熟，网络零售从增量扩张转入存量开发，增速缓中趋稳，线下实体零售受到一定的冲击，零售业同业实体零售与网络零售竞争激烈。电子商务的快速发展，一方面扩大了零售业消费者的规模，另一方面充分带动了流通业的快速壮大和物流业的飞速发展，极大地提高了零售商品流通效率，进一步减少了零售成本，促进了零售业转型升级。

（四）企业的战略、结构和同业竞争方面

国内企业的战略、结构和竞争状况是促进国家层次上实力形成的又一重要因素。一方面，不同地方的管理意识形态不同，其可以帮助或者阻碍一个地区产业的竞争优势的形成。另一方面，一个行业竞争的激烈程度与该行业发展情况的优劣势之间存在着一定的联系。激烈的竞争可以使企业努力提高服务和产品质量，从而促使其成为具有竞争力的企业。零售业进入门槛比较低，因此竞争比较激烈，利润率比较低，甚至有些企业不能实现利润。结构方面可以从

集中度上考虑，我国连锁零售业是一个充分竞争的市场，小而分散的产业组织降低了产业的品牌塑造能力和盈利能力，导致产业竞争力减弱。然而美国等一些发达国家行业集中度较大，这样可以树立品牌发展战略，从而进行规模扩张，最终获得较高利润。

（五）政府方面

政府政策的扶持力度以及政策倾向在一定程度上决定了零售业的竞争优势。零售业作为第三产业的重要组成部分，如果政府扶持零售业，就会制定税收优惠政策，对该产业税收的相关项进行减免，从而激发该产业的企业活力，该产业的劳动生产率也会得到相应的提高，进而有利于该产业竞争优势的巩固与加强。此外，对某产业征收的税收越少，该产业获取利润能力就越强，产业规模也会不断扩大，该产业所具有的竞争优势也将不断提升。

三、评价指标选取

基于“钻石模型”对零售业竞争力要素进行分析，回顾相关产业竞争力研究领域的研究文献，分析影响零售业竞争力的“共性”指标并按照“钻石模型”的分析范式归集，以“指标之间具备可比性、数据提取具备可得性、模型操作具备可行性”为原则，从生产要素，需求条件，相关与支持产业，企业的战略、结构及同业竞争，政府作用五个方面选取了“从业人员数”“固定资产投资”等9个定量化测量指标（如表 6－1 所示），排除了非定量数据对研究结果的干扰。

表 6－1　基于“钻石模型”的内蒙古自治区零售业竞争力影响因素指标体系

一级指标	解释指标	二级指标
生产要素	资金	固定资产投资（X1）
	人力资源	从业人员数（X2）
需求条件	市场容量	人均 GDP（X3）
	市场规模	商品销售收入（X4）
相关与支持产业	产业支撑	零售业产值与总产值比重（X5）
	交通运输业发展水平	货运量（X6）
	电子商务发展水平	互联网用户（X7）
企业的战略、结构和同业竞争	运行效率	收入利润率（X8）
政府	扶持力度	税收占利税比重（X9）

四、灰色关联法的影响因素计算

首先，利用均值法对 2011～2017 年的数据（如表 6－2 所示）做无量纲处理。

表 6－2　内蒙古自治区零售业竞争力影响因素指标统计

影响因素	2011	2012	2013	2014	2015	2016	2017
X0	39917091	45725464	51142643	56576427	61077027	67007606	71602319
X1	946090	1004519	1217452	1351002	1498610	1613471	1429186
X2	101504	110194	116463	115610	111865	112367	97298

续表

影响因素	2011	2012	2013	2014	2015	2016	2017
X3	5. 786308	6. 377999	6. 773102	7. 094455	7. 101358	7. 393584	6. 3684
X4	13777276	13439556	14391131	14729308	13934939	15931787	12018846
X5	10. 8	11. 6	11. 9	13. 1	13. 2	13	15. 1
X6	146589	168078	173913	204303	186160	200475	227459
X7	14982141	18260800	18322255	19892147	22081983	24623386	28542635
X8	0. 042275	0. 032391	0. 031804	0. 031922	0. 023918	0. 013711	0. 012439
X9	0. 065032	0. 115066	0. 138316	0. 14496	0. 206811	0. 334155	0. 227636

其次，我们把 9 个影响因素与反映零售业经济规模的 X0 比较，由式（6－1）计算得出了内蒙古自治区零售业竞争力影响因素的灰色关联系数，如表 6－3 所示。

表 6－3　内蒙古自治区零售业竞争力影响因素灰色关联系数

影响因素	2011	2012	2013	2014	2015	2016	2017
X1	1	0. 9602	0. 92309	0. 862643	0. 80022	0. 768608	0. 820497
X2	1	0. 97121	0. 985898	0. 984064	0. 988975	0. 995114	0. 948368
X3	1	0. 979042	0. 974879	0. 944017	0. 931873	0. 917924	0. 984396
X4	1	0. 922386	0. 96471	0. 981948	0. 967394	0. 971498	0. 911493
X5	1	0. 841941	0. 846582	0. 851948	0. 797277	0. 723357	0. 722954
X6	1	0. 999465	0. 967476	0. 875452	0. 913887	0. 881935	0. 807043
X7	1	0. 964981	0. 95084	0. 901218	0. 836709	0. 78714	0. 707211
X8	1	0. 965853	0. 991842	0. 949836	0. 934048	0. 949886	0. 859765
X9	1	0. 764089	0. 667082	0. 642807	0. 490298	0. 333334	0. 453825

最后，根据式（6－2）计算各指标的关联度及影响程度排名（如表6－4所示）。

表6－4 内蒙古自治区零售业竞争力影响因素的关联度及排名

影响因素	关联度	影响程度排名
X1	0.876465	7
X2	0.981947	1
X3	0.961733	2
X4	0.959918	3
X5	0.950175	4
X6	0.920751	5
X7	0.878300	6
X8	0.826294	8
X9	0.621634	9

五、结论分析

（一）人力资源要素是影响内蒙古自治区零售业竞争力的首要因素

从表6－4可以看出人力资源与零售业经济规模的关联度高达0.981947，是9个影响因素指标中关联度最大的一个因素。这既验证了零售业是一个劳动密集型产业，也从另一方面反映了零售业对人力资源的依赖性。零售业运行的每一环节都需要人的参与，如果没有劳动者的参与，势必危及零售业的发展。而固定资产投资额（X1）对零售业竞争力的影响程度为0.876465，排名第七位，一方面体现了人力资源要素在零售业中的重要性要高于资本要素，因为人才对零售业的发展具有最直接的影响。另一方面也体现了内蒙古自治区零售业发展的资金支持不足。内蒙古自治区零售企业的资金主要依靠自筹，这将严重影响零售业的发展与竞争力的提升。一个行业想要快速发展，资金的供给是不可或缺的，资金链的断裂会给企业造成致命的伤害。因此，加大对零售业企业的资金支持刻不容缓。

（二）市场需求是零售业竞争提升的动力

需求条件是零售企业发展的动力因素。人均 GDP 不断提高，社会消费品零售总额也在不断提升，这充分表明随着社会经济的不断发展和城乡居民收入的显著提升，居民经济承受能力逐渐增强。居民消费能力的提升，加之消费结构的优化升级，大大激发了居民对零售产品的需求潜力。从表 6－4 可以看出，代表市场需求的人均 GDP（X3）和商品销售收入（X4）与零售业竞争力的关联度较高，分别为0.961733 与0.959918，排名分别为第二位和第三位，这说明对于零售产品的需求量与日俱增，市场需求基础十分庞大，从根本上为内蒙古自治区零售业的进一步发展壮大提供了发展动力。

（三）零售业相关产业间的合作有待加强

零售业联系生产与消费，具有很强的产业关联度，需要不断加强相关产业之间的合作。随着电子信息时代的到来和流通领域的成熟完善，零售业上游产业及下游产业在不断进步。如电子商务的快速发展，充分带动了流通业的快速壮大。从表6－4可以看出，代表交通运输发展水平的货运量（X6）、代表电子商务发展水平的互联网用户数（X7）以及代表零售业水平的零售业占总产值的比重（X5）的关联度分别为0.920751、0.878300以及0.950175，在9个影响因素中处于中间位置，说明内蒙古自治区零售业与相关产业之间的合作还有待于进一步加强。

（四）内蒙古自治区零售业运行效率较低

收入利润率代表零售企业的运行效率，而企业运行效率越强，其竞争力就越强。从表6－4可以看出，代表零售业运行效率的收入利润率（X8）的关联系数仅为0.826294，排在所有影响因素的第八位。因此，内蒙古自治区零售企业需要通过增加研发投入等方式来提高其运营效率，这将有助于提升内蒙古自治区的零售业竞争力。

（五）支持零售业发展的配套性政策不健全

税收关系到企业的成本，高额的税收势必会增加企业的负担与成本，影响零售企业资金的正常运转。从表6－4可以看出，税收水平对零售业竞争力的影响系数 X9 为0.621634，排在9个影响因素的最后一位，这说明内蒙古自治区政策环境对零售业竞争力的影响不是很大。零售企业的发展壮大需要政府的大力扶持，对有些零售企业减税甚至免税既能增加企业的利润，又能增加企业的积极性，将有利于生产要素流入零售业，增加零售企业的数量，发挥零售企业的集群效用，提升内蒙古自治区零售业的竞争力水平。目前，内蒙古自治区尚未出台系统化的零售业扶持政策，政府的扶持和指导对于零售业的发展有重要的意义，尤其是在发展的初期，政府出面解决企业发展过程中出现的各种障碍和冲突，可以使零售企业经营的交易费用大大降低，促进其快速有序成长。内蒙古自治区零售业发展比较缓慢，竞争力不强，而政府在政策扶持方面的作用还未充分发挥。

第七章

内蒙古自治区零售业运行效率研究

一、评价指标体系建立的原则与选取

评价指标体系是实证研究的基础和前提，评价指标体系的合理设计、评价方法的正确选用、评价模型的科学构建均对实证研究结果产生决定性的影响，并进一步左右决策的正确性。

（一）评价指标建立原则

为客观、真实、全面地评价内蒙古自治区零售业运行效率，保证评价结果的可信性，指标体系构建应遵循以下几项原则。

1．科学性原则

科学性原则是指指标设计要揭示评价对象自身的特点、性质，指标应该尽可能客观地反映和描述被评价事物或系统活动的全过程和活动规律，正确揭示评价对象的本质特征，做到主观实际与客观现实相统一。因此，我们在设置评价指标时，要考虑评价指标各元素及指标结构整体的合理性，应尽可能客观地反映和描述被评价事物或系统活动全过程和活动规律，力求全面、综合、客观地反映现状，正确揭示评价对象的本质特征。同时，运用科学的指标计算和评价方法，确保评价结论的可信度。

2. 可行性原则

指标选取时要充分考虑数据获取的难易程度和可靠性，使评价指标数据具有可采集性；同时应能明确地界定各指标含义、计算方法与计算口径，评价方法也要具有可操作性，以保证评价工作的顺利实现；输入输出指标应建立在现有科技统计指标体系的基础上，既要满足评价分析的目的需要，又要考虑到实际条件的可能性。因此，在选取评价指标时，既要在理论上确保完整性与科学性，又要注意其在实践中的可行性与适用性，所设计的指标体系应该能准确、可靠、简洁地描述评估对象和实现评估目的。

3. 相关性原则

评价指标体系中的各个指标应该是相关的，指标体系不是许多指标的堆砌，而是由一组相互间具有有机联系的个体所构成的，若指标之间绝对无关，则往往就构不成一个有机整体，因此指标之间应具有一定的内在逻辑关系。这里的内在相关性一方面指各个指标应当和评价的目的相关，为评价活动的宗旨服务；另一方面指各个指标应对被评价对象的各个方面给予描述，并且它们之间应具有关联性，能互为补充、相互验证，但应注意不要让各个指标出现过多的信息包容、涵盖而使它们的内涵重叠。

4. 系统性原则

为了能够全面、准确、客观地反映投入产出现状，每个子系统及细分系统必须选取具有代表性的指标数据，既能客观反映相应的指标特征，又要考虑到与整体指标体系的关联性、协调性。因此，完整、科学、系统的指标体系的构建要综合协调相互关联的多个系统和环节，必须严格遵循系统性原则。

（二）评价指标选取

要运用 DEA 分析方法，首先要确定零售业投入产出评价指标。本书在评价指标选取过程中综合参考了国内外零售企业综合实力排行榜所使用的指标，以及国内外对零售业经营效率进行比较研究的相关研究文献中所使用的评价指标。本书使用地区限额以上零售业年末从业人员数（X1）、限额以上零售企业数（X2）、限额以上零售业资产总额（X3）和限额以上零售业主营业务成本（X4）四个指标来评价投入，即输入变量，这些指标可以反映零售业的规模结构及其在人、财、物方面的投入。本书使用地区限额以上零售业主营业务收入（Y1）和限额以上零售业主营业务利润（Y2）这两个指标来表示产出，即输出变量，这两个指标反映了零售业经营活动取得的成果和效益，体现了零售业的市场绩效水平及其经营效率，如表 7－1 所示。

表 7-1　内蒙古自治区零售业运行效率评价指标

输入指标	输出指标
限额以上零售业年末从业人员数（人）X1	限额以上零售业主营业务收入（万元）Y1
限额以上零售企业数（个）X2	限额以上零售业主营业务利润（万元）Y2
限额以上零售业资产总额（万元）X3	
限额以上零售业主营业务成本（万元）X4	

二、评价方法

目前关于资源配置效率评价的研究，以定性分析方法为主，用横向比较方法进行比较，或用不同时期的历史数据及对照相似的科技资源配置阶段纵向进行对照。同时也产生了很多评价方法，数据包络分析法（DEA）评估模型是应用较为广泛的一种方法。

数据包络分析法是运用数学工具评价经济系统生产前沿面有效性的非参数方法，其最大的特点是能够同时处理多项投入与产出的评价问题，且没有预设生产函数及参数的困难，从而扩大了其使用范围，提高了评价的客观公正性。DEA 方法近年来被广泛运用于学校、医院等非营利性部门的研究。数据包络分析法是美国著名运筹学家 Charnes 和 Cooper 于 1978 年提出的一种效率评价方法。它把单输入、单输出的工程效率推广到多输入、多输出同类决策单元（DMU）的有效评价中，不仅丰富了经济中的生产函数理论及其应用技术，而且在避免主观因素、简化算法、减少误差等方面有着不可忽视的优越性。在效率评估方面的应用中，因为 DEA 方法不必事先确定评价指标的权重，所以评价结果更具客观性。同传统的方法相比较，DEA 方法最大的优点是可以处理多输入、多输出的生产系统，并且能够运用到非营利性系统中。

（一）C^2R 模型介绍

1. C^2R 模型的基本原理

设有 n 个评价对象，而每个评价对象即为一个决策单元（DMU）。每个决策单元有 m 种“输入”和 s 种“输出”，用以表示决策单元对资源的投入和产出，分别设为：

$X_j=(X_{1j}, X_{2j}, \cdots, X_{xj})^T>0 \quad (j=1, 2, \cdots, n)$

$Y_j=(Y_{1j}, Y_{2j}, \cdots, Y_{xj})^T>0 \quad (j=1, 2, \cdots, n)$

式中，X_{ij}表示第 j 个 DMU 对第 i 种类型输入的投入量；Y_{rj}表示第 j 个 DMU 对第 r 种类型输出的产出量。(X_{ij}, Y_{rj}) 已知，U_r、V_i 为变量，对应一组权系数，$v=(v_1, v_2, \cdots, v_m)^T$，$u=(u_1, u_2, \cdots, u_r)^T$；总输入输出之比是效率评价指数，$h_j=\frac{\sum_{r=1}^{s}u_r y_{rj}}{\sum_{j=1}^{m}v_i x_{ij}}(j=1, 2, \cdots, n)$，每个决策单元都有对应的效率评价指数，这样我们就可以选 u 和 v，使其满足 $h_j\leqslant 1, 2, \cdots, n$。对第 j_o 个决策单元进行评价（$1\leqslant j_o\leqslant n$），$u$ 和 v 为变量，效率指数为约束，即得出 C^2R 模型：

$$\begin{cases}\max h_{j_o}=\left(\sum_{r=1}^{s}u_r y_{rj}\right)j/\sum_{i=1}^{m}v_i x_{ij}\\ \text{s. t.}\left(\sum_{r=1}^{s}u_r y_{ry}\right)/\sum_{i=1}^{m}v_i x_{ij}\leqslant 1(j=1,2,\cdots,n)\\ v=(v_1,v_2,\cdots,v_m)^T\geqslant 0\\ u=(u_1,u_2,\cdots,u_r)^T\geqslant 0\end{cases}$$

运用 Chames－Cooper 变换，将上述模型转化成线性规划问题，得出的线性规划模型为：

$$\begin{cases}\min\theta \\ \text{s. t.}\left(\sum_{j=1}^{n} x_j\lambda_j\right)+s^-=\theta X_o \\ \left(\sum_{j=1}^{n} v_j\lambda_j\right)-s^-=Y_o \\ \lambda_J\geqslant 0, j=1,2,\cdots,n \\ s^-\geqslant 0, s^+\geqslant 0\end{cases}$$

模型引进了正、负偏差变量：$s^+=(s_1^+, s_2^+, \cdots, s_s^+)^T\in E_s$，$s^-=(s_1^-, s_2^-, \cdots, s_m^-)^T\in E_m$，式中 λ_j 为权重，s^+ 为与产出相对应的松弛变量组成的向量，s^- 为与投入相对应的剩余变量所组成的向量。

2. C^2R 模型的经济含义

C^2R 模型求解的结果，主要是将 DMU 分成三类：

第一类 DMU 是 DEA 有效，即 DMU 的相对有效值是 1，松弛变量 $S^-=0$，$S^+=0$。经济意义上，DMU 为 DEA 有效（C^2R），是指在所有 DMU 中，就评价目标而言，该 DMU 相对效率最高，并不存在投入的冗余或产出的不足，说明了该 DMU 不仅实现了纯技术有效，也实现了规模有效，即实现了整体的技术有效。否则，该 DMU 是非纯技术有效或者非规模有效。其中，纯技术有效是指输出相对于输入而言已经达到最大，即产出一定时，投入不可能再减少，这样的生产过程称为技术有效。规模有效是指投入的规模既不偏大（规模收益递减）也不偏小（规模收益递增），即处于规模收益不变的状况。规模收益递减是指投入成倍增长时，产出增长的倍数低于投入增长的倍数；规模收益递增是指投入成倍增长时，产出增长的倍数高于投入增长的倍数。

第二类 DMU 是弱 DEA 有效（C^2R），即 DMU 的相对有效值是 1，松弛变量 S^-、S^+ 不为零。经济意义上，DMU 为 DEA 弱有效（C^2R），则表明该 DMU 不需要如非 DEA 有效（C^2R）的 DMU 那样，通过同比例减少投入或同比例增加产出来对 DMU 进行改进，只需对某些局部指标存在的冗余或不足进行改进。

第三类 DMU 是非 DEA 有效（C^2R），即 DMU 的相对有效值不为 1，并且相对有效值越小，DMU 的相对有效性越差。经济意义上，DMU 为非 DEA 有效（C^2R），是指该 DMU 相对效率不高，存在投入的冗余或产出的不足，可以通过同比例减少投入或是同比例增加产出来对非 DEA 有效（C^2R）DMU 进行改进。

对于非 DEA 有效决策单元的改进问题，在原始 C^2R 模型中，若决策单元的输入输出均为可控因素，则可以利用决策单元在有效面上的投影的方法使非 DEA 有效决策单元变为 DEA 有效。具体地，点（X_0，Y_0）在有效生产前沿面上的投影（$\hat{X}_0$，$\hat{Y}_0$），XY 为 DEA 有效。

$$\begin{cases} \hat{X}_0 = \theta^0 X_0 - S^{-0} = \sum_{j=1}^{n} X_j \lambda_j^0 \\ \hat{Y}_0 = Y_0 + S^{+0} = \sum_{j=1}^{n} Y_j \lambda_j^0 \end{cases}$$

（二）BC^2 模型介绍

对 C^2R 模型进行改进，通过增加一个凸性假设 $\sum_{j=1}^{n} \lambda_j = 1$，$C^2R$

模型就可以修正为评价纯技术效率和规模效率的 BC^2 模型：

$$
(P_{BC^2}^I)\begin{cases} \max(\mu^T Y_0 - \mu_0) \\ \omega^T X_j - \mu^T Y_J + \mu_0 \geqslant 0 (j=1,\ 2,\ \Lambda,\ n) \\ \omega^T X_0 = 1 \\ \omega \geqslant 0,\ \mu \geqslant 0,\ \mu_0 \in E^I \end{cases}
$$

$$
(D_{BC^2}^I)\begin{cases} \min\theta \\ \sum_{j=1}^{n} X_j \lambda_j \leqslant \theta X_0 \\ \sum_{j=1}^{n} Y_j \lambda_j \geqslant Y_0 \\ \sum_{j=1}^{n} \lambda_j = 1 \\ \lambda_j \geqslant 0,\ j = 1,\ 2,\ \Lambda,\ n,\ \theta \in E^I \end{cases}
$$

C^2R 模型假定规模报酬不变，因此若我们将效率前沿固定在不变规模报酬上，此时计算出来的是整体技术效率值；若我们将效率前沿固定在变动规模报酬上，此时计算出来的效率值有两个，是按照 BC^2 模型计算的，分别是纯技术效率值和规模效率值。C^2R 的整体技术效率值与 BC^2 的纯技术效率值会有所不同，主要是由于 BC^2 模型下的 DMU 并不是在规模报酬不变的最适规模上运营，要么处于规模报酬递减的情况，要么处于规模报酬递增的情况。但是，C^2R 模型的整体技术效率值与 BC^2 模型下的纯技术效率和规模效率存在以下关系：整体技术效率值 = 纯技术效率值 × 规模效率值。

（三）NIRS 模型介绍

根据 C^2R 模型计算出技术效率，再根据 BC^2 模型计算出纯技术效率以及规模效率之后，也不能判断出 DMU 规模报酬究竟是不变、递增还是递减。因此，为了判断 DMU 规模报酬的情况，引入规模报酬非增（NIRS）模型。将 BC^2 模型中的约束条件 $\sum_{j=1}^{n}\lambda_j = 1$ 改为 $\sum_{j=1}^{n}\lambda_j \leqslant 1$，即得到 NIRS 模型：

$$
(D_{BC^2}^I)\begin{cases} \min\theta \\ \sum_{j=1}^{n} X_j\lambda_j \leqslant \theta X_0 \\ \sum_{j=1}^{n} Y_j\lambda_j \geqslant Y_0 \\ \sum_{j=1}^{n}\lambda_j \leqslant 1 \\ \lambda_j \geqslant 0,\ j=1,\ 2,\ \Lambda,\ n,\ \theta \in E^I \end{cases}
$$

判断的标准为：若 $TE_{(NIRS)} \neq TE_{(VRS)}$，则 DMU 处于规模报酬递增区域；

$TE_{(NIRS)} = TE_{(VRS)} \neq TE_{(CRS)}$，则 DMU 处于规模报酬递减区域；

$TE_{(NIRS)} = TE_{(VRS)} = TE_{(CRS)}$，则 DMU 处于规模报酬不变区域。

三、内蒙古自治区零售业经济效率评价的实证分析

（一）原始数据

为了对内蒙古自治区零售业运行效率进行合理评价，本书依据

前文建立的评价指标体系，通过 DEAP 软件对内蒙古自治区零售业运行效率进行测算。投入与产出指标的数据均来源于《内蒙古自治区统计年鉴》（2014～2018 年），具体如表 7－2 所示。

表 7－2　2013～2017 年内蒙古自治区零售业投入与产出变量原始数据

指标 年份	X1	X2	X3	X4	Y1	Y2
2013	116463	8150040	1062	12755131	14391131	457691
2014	115610	9081875	1200	13027431	14729308	470194
2015	111865	8697460	1284	12406720	13934939	333299
2016	112367	8448860	1337	14435404	15931787	218447
2017	97289	7045010	1271	10879979	12018846	149508

（二）效率分析

内蒙古自治区零售业综合效率在 2013～2017 年这六年间大体呈现 V 字形发展趋势，而 2017 年综合效率最低。由表 7－3 可知，2013 年、2014 年、2016 年内蒙古自治区零售业 DEA 有效，综合效率走势符合内蒙古自治区经济发展状况。内蒙古自治区零售业的资源配置能力、资源使用效率近年来有所下降，需要进一步加强，转变粗放发展模式，提高零售业资源配置效率。由表 7－3 可知，除 2015 年以外，其他 4 年内蒙古自治区零售业的纯技术效率有效，可见内蒙古自治区零售业制度和管理水平良好。2013～2017 年内蒙古自治区零售业规模效率发展趋势与综合效率大体一致。从发展趋势看，由图 7－1 可以看出，内蒙古自治区零售业规模效率基本呈现 V

字形发展趋势，2017 年规模效率同样在 5 年间最低，2013 年、2014 年、2016 年内蒙古自治区零售业规模报酬不变，2015 年与 2017 年内蒙古自治区规模报酬递增。

表 7－3 2013～2017 年内蒙古自治区零售业运行效率计算结果

年份	综合效率	纯技术效率	规模效率	规模报酬	相对有效性
2013	1.000	1.000	1.000	不变	有效
2014	1.000	1.000	1.000	不变	有效
2015	0.993	0.999	0.994	递增	无效
2016	1.000	1.000	1.000	不变	有效
2017	0.981	1.000	0.981	递增	无效

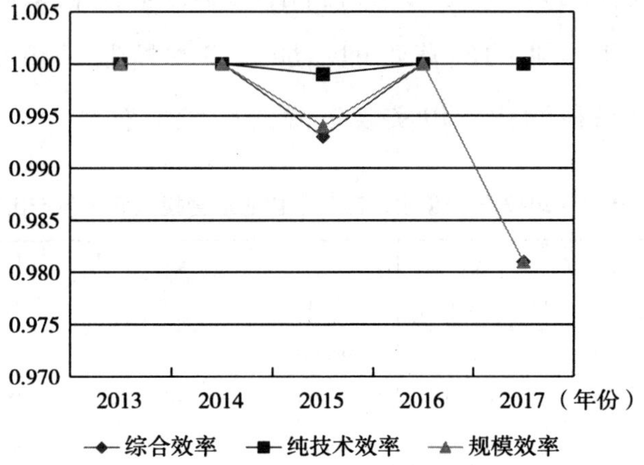

图 7－1 2013～2017 年内蒙古自治区零售业运行效率变化趋势

（三）投入冗余情况分析

本书从限额以上零售业年末从业人员人数、零售业总资产、零售业企业数量及零售业主营业务成本四个投入指标以及限额以上零售业主营业务收入与主营业务利润两个产出指标的改进方向和程度分析具体的投入冗余、产出不足情况以及投入冗余、产出不足率，如表7－4、表7－5所示，从表中可以看出，2013～2017年，内蒙古自治区零售业运行效率总体良好。2015年存在投入冗余产出不足的现象，零售业从业人员人数、零售业总资产、零售业企业数量投入冗余率分别为1.57%、0.55%和10.92%，主营业务利润产出不足率为33.46%，投入产出不协调，其经济运行中的人、财、物的投入没有充分发挥效用。2016年该情况得到有效改善，2017年又出现零售企业数量冗余的问题，而主营业务利润产出不足率高达142.31%，这说明2017年内蒙古自治区零售业经营效率低下，需要进一步加强零售企业的经营管理，加强成本控制，并注重商业网点布局的合理化与科学化，以实现资源的最优配置。

表7－4　2013～2017年内蒙古自治区零售业运营投入冗余与产出不足情况

指标 年份	X1 （人）	X2 （个）	X3 （万元）	X4 （万元）	Y1 （万元）	Y2 （万元）
2013	0.000	0.000	0.000	0.000	0.000	0.000
2014	0.000	0.000	0.000	0.000	0.000	0.000
2015	1751.771	47985.448	140.244	0.000	0.000	111536.882
2016	0.000	0.000	0.000	0.000	0.000	0.000
2017	0.000	0.000	326.333	0.000	0.000	212758.288

表7－5　2013～2017年内蒙古自治区零售业运营投入冗余与产出不足率

单位：%

指标 年份	X1	X2	X3	X4	Y1	Y2
2013	0.00	0.00	0.00	0.00	0.00	0.00

续表

年份\指标	X1	X2	X3	X4	Y1	Y2
2014	0.00	0.00	0.00	0.00	0.00	0.00
2015	1.57	0.55	10.92	0.00	0.00	33.46
2016	0.00	0.00	0.00	0.00	0.00	0.00
2017	0.00	0.00	25.68	0.00	0.00	142.31

四、结论与建议

零售业运行效率的提高可以有效地提升零售业竞争力，本书结合对内蒙古自治区零售业运行效率的实证研究结果，从零售业纯技术效率与规模效率的角度，提出提高内蒙古自治区零售业整体运行效率的建议。

（一）提升纯技术效率

要提升纯技术效率，一方面在现有技术水平和管理水平下，既要优化对零售行业的调控，又要优化企业的经营管理，严格控制成本和业态优化升级，同时还必须注重零售网点科学、合理布局；另一方面要注重先进技术和管理方法的引进，不断实现动态优化。近年来，零售业效率的大幅提高主要得益于零售业的技术进步。现代零售业的发展依赖于技术支持。零售业的组织形式、服务手段及营销方式变化，都是以技术发展为基础的。如无线的 POS 技术、电子导购员、自动停车场系统、客流统计及数据挖掘技术等都是零售业发展非常重要的技术支持手段。未来零售业应该继续加强技术开发与应用的能力，而政府可以提供相应的服务或者财政支持。强化技术创新能力对于提高零售企业绩效有深远的意义。通过使用先进的零售技术，可以有效地降低企业在经营过程中的成本，提升运营效率。零售企业应在移动互联网、金融、云计算等高新技术领域积极探索、不断创新，将先进的 IT 技术应用在零售经营的方方面面，企业领导组织应对产品进行统一规划，在技术的应用方面形成统一规范，以市场化为导向，有效整合技术研发、需求设计与生产运营维护，将信息技术的先进性迅速渗透到市场经营过程中，从整体上保持技术驱动业务的理念。在大数据的应用方面进行大胆实践，强化零售企业的经营管理技术，如引进新产品与淘汰过时产品时如何使用相关的管理技术。在零售门店或购物网站的商品陈列或促销手段等营销技术，以及零售商圈、客流量和竞争因素综合分析基础上的选址技术等方面，需要加大科研开发投入的力度，将技术创新能力快速转化为实际生产力，进而开发和使用适合本企业的零售技术，不断提高零售企业的技术水平，推动整个零售行业的技术进步。

（二）提高规模效率

实行规模经济不仅可以降低成本，促进技术进步，提高劳动生产率水平，获得更高的经济效益，还可以使企业在激烈的市场竞争中获得强劲优势，保持健康、稳定和持续的发展。提升规模效率既要使零售行业规模与自身的资源相适应，又要使零售企业的规模与自身资源相适应。内蒙古自治区零售业规模效率绝对水平较高，规模效率在高位水平上小幅波动，因此，一方面要加强对零售业发展规模的合理预测，提供一个合理的发展预期，引导行业和企业对自身规模进行局部微调，减小规模波动幅度，稳定规模效率；另一方面要选择与自身规模相适应的发展战略，避免激进式发展引起自身规模效率的剧烈波动。同时还要注重经营模式，实现提高规模效率的目的。首先，学习外资规模零售企业的范式，调整企业的业务范围。当前内蒙古自治区绝大多数零售企业要么依然采用传统经营模式，要么正摸着石头转型中，只是简单地销售商品和提供基本服务，或者仅仅从事代销代售，并不具备完全的零售职能。所以零售业应该进一步拓展零售功能，注重向生产、供应、销售各个增值项目延伸，业务范围的扩大有利于企业提高利润及规模效率。另外，资产重组也可以帮助企业实现规模效率的提高。零售企业可以利用自身的优势尤其是区位优势，整合优质资源，实行低成本扩张，争取更大的市场份额。

第八章 提升内蒙古自治区零售业竞争力的对策建议

根据本书以上对零售企业竞争力的理论与实证分析，并结合当前内蒙古自治区零售企业面临的实际情况，本书提出以下提升内蒙古自治区零售企业竞争力的若干对策建议。

一、充分发挥政府职能，优化产业政策

零售业的发展离不开政府的扶持与引导，因此，提升内蒙古自治区零售业的竞争力必须要充分发挥内蒙古自治区政府部门的职能，优化产业政策。产业政策是政府为了实现一定的经济和社会目标而制定的干预市场结构和市场行为，调节企业间关系的政策总和。实质是协调竞争与规模经济的关系，从而维护正常的市场秩序和有效竞争。政府有必要制定市场规则，规范企业行为，提高市场运行效果。内蒙古自治区政府应充分利用产业政策，加强宏观调控，合理引导零售业的竞争，为零售业发展创造良好的制度环境。

（一）完善相关法律法规，加强监管力度

政府通过制定相关行业法律法规，加强执法力度，规范零售业的竞争，保证零售业健康有序发展。要提高内蒙古自治区本土零售业的竞争力，就必须进一步完善内蒙古自治区零售市场的秩序，主要从法律法规的制定和行业监管两方面着手：

1. 制定与完善各种相关的法律与法规，规范生产者和经营者的行为

完善内蒙古自治区零售市场秩序，首先要从市场准入条件、产品与服务的质量标准、行业经营规范、违法生产经营的法律后果等法律规章制度的建设着手，对此做出明确且具有可操作性的具体规定。只有具备了相应的法律法规，才能据此来规范生产者与经营者的行为。工商管理部门、各行业协会与消费者协会等，都应重视生产与经营领域法律法规的建设工作，从制度建设上加快改善微观消费环境的步伐。在法律方面，有关部门应该不断修正现有的法律的实用性，使其更好地为企业的发展服务。

2. 加强对零售企业行为的监管和对违法经营者的惩处力度

加强对零售企业行为的监管，是维持内蒙古自治区零售市场秩序的关键措施。为此，工商、质检、卫生、医药等部门，应时刻以广大人民群众的切身利益为依托，积极主动地做好自己的工作，加强执法，保证零售企业在规范的竞争中健康有序地前进。一方面，对于一些制假贩假的企业和个人要给予严厉的打击；另一方面，要加大违法的经济成本，以减少企业违法行为，给市场经济正常有效

的运行创建一个良好的发展氛围。

（二）树立现代商贸流通理念

首先，政府部门应该积极纠正思想认识偏差，改变传统的商品买卖、“赚取价差”和“生产决定流通”的理念，树立现代商贸流通理念，正确认识零售业的战略地位。其次，在转变观念的基础上，政府部门还应该加大对零售业发展的宣传和引导，让社会和各界人士能清楚地认识到零售业的地位和重要性，了解内蒙古自治区零售业发展的优势与不足。同时，推动政府部门、零售企业、经济类科研院校、零售行业协会等开展交流合作，组织专家研究和制定内蒙古自治区零售业的发展战略，通过举办商贸流通业的经济论坛等邀请国内外优秀的零售企业来内蒙古自治区参观考察指导，并鼓励本土零售企业多向他们学习先进的管理理念和方法。

（三）加强统一规划和政策引导

对零售业企业网点的数量、结构、布局进行统一合理安排，使不同规模、业态的企业在不同区域协调发展。我国零售业全面开放以来，国内外零售业巨头纷纷在我国抢占市场，扩大销售额。近年来，内蒙古自治区也聚集了大量的大型零售企业，如家乐福、华润万家、国美电器、苏宁电器等。对于快速发展的零售业，政府有必要防止竞争者的过度进入，以免造成恶性竞争的局面。在市场竞争中，零售企业未必能够从全局的角度看待现状，做出正确的选择，总是过度看好繁华商业区的发展前景，大量投入资源，而对于相对不发达的城镇则投资热情不高。这样一方面会造成中心商业区的商业竞争加剧，导致资源的大量浪费；另一方面会造成其他区域的城镇零售企业发展不足。因此政府除了要保障各企业之间的合理竞争外，还要对本地区的商业圈进行合理规划。政府还要积极引导零售企业加大对周边县区的投资规划，一方面可以拉动周边地区的经济发展，另一方面也可以使零售企业的店址和布局更加合理，发挥了零售企业的最大竞争优势。同时通过各种政策手段培育一批具有知名品牌、主业突出、核心竞争能力强、初步具有区域竞争能力的大型零售企业。

（四）提高对外开放水平

大力引进外资，提高对外开放水平。2004 年以来，国内零售企业实行全方位的对外改革政策，国外零售业大型企业，如家乐福、沃尔玛和易初莲花等都先后进入中国市场。目前，国外的零售业占国内零售业总量的60%，特别是一些大型性和综合性的超市，它们所处的地位不可小觑。国外零售企业大量资本的融入，让国内本土化零售业表现出显著的“鲶鱼效应”，基于外资企业的竞争和随之带来的压力，国内本土化零售业必须要实行对外开放政策，如此才能增加民营资本投入，使新型连锁企业大幅度扩张，同时转变封闭落后的零售业情形，这也将极大地提高我国零售企业竞争力。内蒙古自治区零售业竞争力要想长久地立于不败之地，外资企业的作用不可忽视，为此可以制定具体实施措施：①政府应主动引进外资零售业企业，在国内连锁店铺、折扣店铺、大型商场等各种业态上探索发展之路；②观摩与学习国内其他省份零售企业的成功经验，熟知一些先进零售业成功案例，借鉴符合自己成长的先进经验；③引入适当的外商投资，加强内、外资零售业间的沟通与合作；④实行对外开放的保护措施，开放服务业已经成为一种必要的趋势，但也需要将开放行为形成一种规范。政府既要打开市场并为此定制相关的法律和法规，还要禁止违法违规的行为，并且有针对性地提出改进建议。

（五）创造良好的零售业发展环境

积极转变政府职能，切实将政府职能转到为零售业创造良好的发展环境上来。首先，加强流通领域的基础设施和公共信息服务体系的规划和建设，运用财政、税收等政策手段，引导和支持零售企业加大在农产品流通、物流配送中心、公共信息服务平台等方面的投入力度。其次，紧密结合内蒙古自治区各盟市的实际发展情况，制定科学合理的内蒙古自治区零售业发展规划，抓好零售业的发展战略、网点规划、行业标准、区域产业发展政策的制定和组织工作，并通过相关的法律法规加以保障。再次，鼓励本土零售企业扩大规模，拓展发展空间，对于具有良好发展前景的零售企业给予更多经济支持和补贴。同时，减少和简化行政审批，提高商业规划项目审批的效率。最后，加强综合监管，打击不正当的竞争和交易行为，保护公平竞争，保护供应商、零售企业和消费者的合法权益，取消不利于零售业发展的歧视性政策，为零售业发展创造良好的市场环境。

（六）实施有效的流通产业政策

从零售业组织本身来看，同样也需要政府的产业政策来协调规模经济与促进有效竞争。为了保持流通产业的活力，需要有利于鼓励竞争的产业政策。同时，为了防止竞争过度，促进流通产业的规模效益，需要设置进入流通产业的最低规模限制，防止过多企业进入，同时需要有促进企业规模扩大的政策，以有利于流通产业规模的合理化。要促进流通产业的健康快速发展，必须要发挥政府的作用。就内蒙古自治区流通业而言，当前主要应该给予宏观经济政策支持，加大扶持的力度，支持市场前景好的流通企业拓宽融资渠道，通过增资扩股、股票上市等途径募集社会资金，扩大经营规模。

二、扩大零售业产业规模

从经济学中的规模经济原理可以看出，具有规模经济的企业不仅能够具备成本优势，还能为建立差异化奠定基础。只有具备规模经济的企业才能有效承担新产品的研发费用，并且还能在价格谈判中具备强势地位，能够降低运输、原材料订购方面的成本，可以持续维持企业竞争优势，提升企业综合竞争力。由于零售企业面对的顾客一般购买量较小，但购买次数频繁，零售企业的辐射范围对其市场占有额的影响至关重要。因此，进一步改善内蒙古自治区零售业的产业规模，对内蒙古自治区零售业竞争力的提高有巨大的促进作用。本书认为可以从以下几个方面做出改进。

（一）广泛吸收各种资本投资于内蒙古自治区零售业

扩大零售业的产业规模，首先要积极吸引各种资本投资于内蒙古自治区零售业。资本是产业规模扩大的基础，没有一定数量的资本投入，零售业的规模扩大只能是空中楼阁。要采取各种措施，鼓励自治区内民营资本参与零售业经营；同时还要积极引进区域外一些全国规模较大、经营业绩良好的大型零售企业到内蒙古自治区设立分支机构，或与区内本土零售企业合资、合作经营。近年来，国内外大型连锁零售企业到内蒙古自治区开设经营机构。这些新的零售企业的加入，扩大了内蒙古自治区零售业规模，使内蒙古自治区零售业充满了新的活力。同时，内蒙古自治区还应与国外的大型零售企业合作，为外资零售业到内蒙古自治区投资提供各种便利。国外资本投资本地零售业，具有投资规模大、经营范围广的优点。因此，内蒙古自治区今后还要进一步加大吸引外资的力度，吸引更多的国际一流零售企业到内蒙古自治区开店。

（二）大力促进内蒙古自治区零售企业连锁经营

零售企业的规模扩大有两种形式：一是单店扩张，二是连锁经营。单店的扩展途径可能会限制在某个区域范围内，零售业的规模也会随之受到很大的局限，而且很难有突破性的发展。目前，内蒙古自治区的连锁发展水平还不够高，百货店等很多比较传统的零售业态不适应连锁发展的经营方式。连锁经营是一种体现流通行业现代化的经营发展方式，内蒙古自治区零售业只有广泛运用这种先进的经营方式，才有可能迅速地扩大其零售业的规模。在运用自营连锁发展的同时，以品牌、商品、配送、商号、经营技术为轴心，鼓励特许经营，大力拓展连锁经营的发展领域，在内蒙古自治区零售企业中确立连锁发展的核心地位。同时，内蒙古自治区本土零售企业应该大力发挥自己的本土优势，充分利用本土资源以及对本土消费者的消费习惯和需求的了解，进一步扩大连锁经营规模，稳固区域内的零售市场份额。一方面，具有明显竞争优势的大型本土零售企业应该根据自身的实力状况，借鉴和学习上海百联集团、华润万家、家乐福等国内外优秀零售企业成功的重组和并购经验，通过并购和重组等方式进一步扩大区域内的零售市场份额，实现规模经济。另一方面，内蒙古自治区本土中小零售企业应该自发组织起来，通过发展自由连锁等方式，集中零散的中小零售商，提高采购优势，降低进货成本，实现利益共享，从而增强内蒙古自治区中小零售企业规模优势，提高市场竞争能力和抗风险能力。

（三）积极开拓农村牧区市场

要扩大零售业的规模，开拓农村市场也是一个重要的渠道。而且这个渠道还可以使零售企业摆脱城市市场激烈的竞争，反而更加有利于零售业规模的扩大。通过在农村进行广泛布点，运用连锁经营的方式，能够使零售业规模得到快速的扩张。内蒙古自治区是传统的农牧大省，农牧区人口众多，目前，内蒙古自治区农村牧区零售业的发展比较落后，2017 年，内蒙古自治区乡村消费品零售总额为 920.8058 亿元，仅占社会消费品零售总额的 12.9%，而农村人口占总人口的37.98%，内蒙古自治区农村牧区零售市场有很大的发展潜力。随着农民收入的提升，农民的消费能力越来越强，农村牧区零售业市场容量越来越大，农村牧区市场将成为内蒙古自治区零售业产业规模重要的增长点。首先，政府部门应努力改善中小城市和农村牧区零售业发展的软、硬环境，如推进市场化进程、改善道路交通和通信网络技术等基础设施，为促进中小城市及农村牧区零售业的发展创造良好的市场环境。其次，零售企业应结合中小城市和农村牧区市场的实际情况，确定目标市场、选择合适的店址和零售业态开店设厂，拓展自己的发展空间。最后，进一步拓宽农村牧区流通网络，增加和改造标准化农家店和配送中心，改善农村的消费环境，促进农村牧区消费，拉动农村牧区的经济增长。

（四）组建大型的零售企业集团

从产业经济学的角度看，大型零售企业集团能够促进零售业规模的优化，较快地带动整个零售业规模的扩大。如果零售业规模的扩大仅仅是无数个分散的中小型零售企业的诞生，那么这种扩大只能是一种表面上的、简单的扩大，充其量只能在短时间内提高零售业的规模，从长远来看，随着零售业竞争的加剧，必然有一部分零售企业会破产倒闭，最终零售业的规模又回到了原始的状态。而组建大型的零售企业集团就可以有效地防止这个问题。根据产业组织理论，流通企业的规模差别可以成为阻止流通企业过度竞争的一个重要途径。流通企业通过规模投资，可以增强流通企业在市场竞争中的地位，从而防止其他潜在进入者的进入。在有多个流通企业在位的情况下，它们也有共同扩大投资规模的意愿，从而可以更加有效地防止其他潜在进入者的威胁，避免行业内过度竞争的出现。当众多流通企业发现单靠产品的差异化无法解决过度竞争的问题时，就会有一些创新能力强的流通企业意识到投资规模均等化是过度竞争的深层原因，它们必然会在长期内调整生产规模，提高资本的投入量，同时尽可能地占有顾客资源，当投资规模达到一定程度时，流通行业的进入壁垒就会形成，从而行业内的竞争就会由过度竞争过渡到有效竞争。这种有效竞争就会推动零售业的规模不断扩大。

零售企业的成长历程是由一个比较小的企业通过依赖企业内部资本逐步地发展为一个“庞然大物”，但是对于大部分企业来说，这一过程比较漫长，很有可能企业还没有成长壮大之前就已经在激烈的竞争中破产。近年来，国内外零售企业巨头不断进入内蒙古自治区市场，并在内蒙古自治区零售市场上抢占先机。面对这样激烈的竞争，内蒙古自治区零售企业如果仍继续孤军作战，不仅很难在激烈的竞争中取得胜利，甚至有可能无法生存下来。所以，要增加内蒙古自治区零售企业间的合资合作，建立大型零售业集团，只有如此才可能实现零售业现代化发展，快速增加内蒙古自治区零售企业的产业规模，最终产生规模经济，从而和国内外大型零售集团相媲美。

（五）建立企业之间的战略联盟

所谓战略联盟，是指两个或两个以上的企业为了一定的目的或实现战略目标，通过一定方式组成的优势互补、风险共担、要素双向或多向流动的松散型网络组织。战略联盟是自发的，联盟各方面保持着原有企业的经营独立性，具有边界模糊、运作高效、机动灵活等特点。近年来，企业战略联盟在我国获得了一定的发展。它作为一种新型企业组织形式，对于优化流通产业组织结构具有重要作用。首先，有利于发展企业之间的专业化分工与协作。通过形成企业联盟，可以有效地促进企业之间的分工与合作关系。因为在企业联盟中，企业的地位、作用不再以企业规模的大小来衡量，而是以企业是否具有核心能力或竞争力来衡量。只要企业在某一方面具有竞争优势，就能加入某一联盟，与其他企业进行生产与经营协作。这既可以使企业自身优势得到充分发挥，同时又能分享协作生产所产生的高附加值收益。通过建立企业联盟，可以有效地促进大中小企业之间的生产协作，有助于企业发挥各自的优势，提高产业的整体竞争力。其次，有利于抑制分散竞争，形成有序的市场竞争环境。抑制过度竞争，优化市场竞争秩序，很重要的一点就是转换企业经营理念，变单纯竞争为合作竞争。企业联盟正是追求这一理念，它超越了单纯靠竞争实现利润最大化的传统经营理念，追求竞争中的合作与双赢。它的发展对于规范市场竞争秩序、形成合理有序的市场竞争结构具有重要意义。最后，有利于弥补企业兼并方式的不足。近年来，企业兼并较为普遍，这对于克服企业生产分散、提高规模经济水平，无疑具有重要意义。但在企业兼并过程中，也存在着过分追求企业规模扩张、忽视企业生产协作和核心竞争力提高的倾向。实际上，企业规模扩大，并不意味着竞争能力的增强和经营效率的提高，更不意味着要搞“大而全”。企业规模扩张必须与专业化生产协作相结合，提高产业的总体竞争力水平。企业联盟作为企业各自竞争优势的互补性组合，能够产生较强的整体竞争优势，这在很大程度上可以弥补企业兼并“单纯追求量的扩张”的不足。另外，企业兼并涉及企业产权制度的变更，各种企业资源和要素的整合也要经历一个较长的过程，并会产生一定的整合成本。而企业联盟能够在很大程度上弥补企业兼并的缺陷，迅速提高企业的竞争力。

对于零售业来说，组建战略联盟尤其要注意零售商与制造商之间的联盟。首先，零售商与制造商之间建立合作双赢的战略联盟是市场环境的客观要求。一方面，近年来大规模连锁零售企业的大量涌现改变了以往零售业销售渠道较为分散的格局。对制造商来说，可供选择的销售渠道越来越少；对零售商来说，大批量采购增加了对拥有强势品牌的制造商的依赖。因此，无论是零售商还是制造商，单一的竞争战略都意味着更大的风险，建立战略联盟才是保证企业长期利润稳定的有效手段。另一方面，在以知识经济为主导的信息时代，POS 系统、局域网、卫星通信技术以及在此基础上的电子数据交换系统为零售商与制造商建立战略联盟提供了强有力的技术支持。如果说传统企业只能在组织管理方面提高自身竞争能力的话，那么信息技术的运用就形成了企业在技术上的核心能力，它能够为企业带来实实在在的好处，包括成本下降、效率提高以及更完善的客户服务。其次，在具体实践中，要使这种合作双赢的伙伴关系真正发挥作用，还需要多方的共同努力。因为这种合作必须建立在平等和相互信任的基础上，这就意味着合作双方必须承担更多的责任和义务。最后，无论是在理论上还是在实践上，合作双赢的战略联盟都是零售商和制造商的最佳战略选择。在未来日益激烈的竞争中，建立合作双赢的战略联盟无疑是塑造企业核心竞争力的重要手段之一。

对于大型零售企业而言，与商品供应商的关系稳定与否，直接影响企业的偿债能力和营运能力。首先，若能与供应商建立长期稳定的合作关系，则与供应商的合同付款期限可以相对延长，那么零售企业可以提高资金周转率，降低自身的资金成本。其次，与供应商建立长期稳定的合作关系可以保证零售企业有充足稳定的商品来源，节约零售企业的存货成本。最后，通过加强与供应商的沟通与信息共享，零售企业可以避免不必要的存货管理与产品周转的中间环节，减少产品的成本，增强企业的竞争优势。因此，与供应商建立稳定的战略联盟关系，实现价值链的利润最大化，是提升零售企业竞争力的有效途径。在大型零售企业竞争力评价指标体系中，最能体现零售企业与供应商关系的指标为企业的存货周转率与资产负债率。当前大型零售企业的经营模式一般是，先向供应商赊购产品或者预付少量货款，待产品销售之后再付全款。因此，如果能与供应商建立稳定的战略关系，则企业可以在负债中增加应付账款的比率，从而减少银行贷款，增加自身资金的周转速度；此外，零售企业与供应商建立稳定的战略关系，可以减少不必要的存货，使企业在货源充足的情况下减少存货管理费用，从而减少经营成本。

三、加大零售信息技术的应用

大力发展信息技术，用先进的技术改造零售业，提高零售业运行效率，可以达到增强内蒙古自治区零售业竞争力的目的。

（一）提高信息技术的应用水平

随着信息技术的日新月异，零售信息技术的应用已经成为零售企业在未来取得竞争优势的重要保证。因此，内蒙古自治区零售企业应该积极地借鉴和学习国内外大型零售企业的经营管理经验，加强在信息化、自动化、机械化方面的投入，充分利用 Internet、Intranet 和 Extranet 技术的发展，进行电子商务建设，采用 MIS（管理信息系统）、POS（销售时点管理系统）、EDI（电子数据交换）和 EOS（电子订货系统）等现代化信息管理技术，实现数字化的采购管理、存货管理和客户关系管理等，从而提高决策、经营管理的科学性、准确性和实效性，提高信息技术运用水平，这能够为零售企业在激烈的竞争中获得胜利带来有利的影响。

（二）大力发展电子商务

电子商务是一种利用网络传输和配送的途径，可以将消费者、销售者与供应商等关联起来，实行售前—售中—售后整个过程的服务。与传统的商务流通相比，电子商务能够将有用的信息和物品配送快速传送给消费者和商家，并且在网络上与全国各地实行商品交易，很大程度上改善了商品在激烈竞争中的环境，减少了物品运转成本，使数量不多的资源施展出更大的效益。传统零售业应当而且必须与电子商务相结合，这是零售业发展的必然趋势。内蒙古自治区电子商务的发展要从实际出发，坚持以企业为主体，以市场为导向。加强零售企业电子商务的运用，提高零售企业管理水平，降低零售企业管理成本，从而提高零售企业的企业绩效，进而从整体上提升内蒙古自治区零售业的竞争力水平。加快发展电子商务，促进零售业信息现代化；展开电子商务的各种准备工作，深入研究零售企业和电子商务的发展形势，通过零售企业店铺的现有网络，建立网店，拓宽运营范围和业务规模，深入研究物流业，分析电商不同的成长模式；形成电商管理体系，完善网上交易系统，形成规范的网上运营程序。电子商务的发展依赖于电子商务园区的建设，电子商务主要涉及仓储、运输、配送等环节，这决定了园区集中发展是电子商务的必然趋势，只有集中发展才能在运输、配送等环节节约资源、提高效率，因此，目前加快内蒙古自治区电子商务发展的方式主要是加强电子商务园区的建设。

（三）增强与供应商关系建设，加强信息化管理

随着市场成长与供应链模式的出现，零售企业与供应商之间也可以共享市场的信息，这样就可以降低库存成本、提高经济效率，达到零供双赢的状态，例如，拥有共享的零售市场信息，零售商们能够实现更低的采集成本与更高的下单速度，制造商们也可以通过零售商的相关信息获取准确有利的市场信息，从而规划再次生产，建立企业间的战略联盟，这已经成为当前发展的趋势。与供应商建立稳定的战略关系，首先，零售企业要转变传统观念，增强合作意识。在以往零售企业一味压价的行为中，供应商必定会牺牲产品质量，从而危害整个供应链的利益。因此，零售企业应与供应商共享供应链的价值增值，实现双赢。其次，双方应加强在产品销售、库存、运输、生产进度等方面的交流，以便零售企业在产品管理方面有一个合理的规划。此外，还应该加强供应链管理，做到双方互相监督与制约，建立合理的行业规划，依法经营。最后，双方应注重维护自身信誉，建立双方的信用机制，提高双方的参与热情。

信息的高效传递与共享是零售企业与供应商的供应链协调运行的基础。因此，应提高内蒙古自治区零售企业对产品供应链的信息化管理水平，采用当今最新的信息技术推动供应链的高效运行，可以有效增强供应链成员之间信息共享与互换的准确性并提高效率，从而减少不必要的时间成本与经济损失。同时，学习国内外零售企业的先进经验，建立与自身发展相适应的信息系统。例如，建立商品供货系统，企业可以在保证产品质量的基础上减少采购成本，节约采购时间。建立客户服务系统，企业可以随时了解客户需求，培养客户忠诚度。

四、大力发展物流产业

提升内蒙古自治区零售业竞争力，也需要相应的产业支持。目前，内蒙古自治区必须加快发展物流行业，为内蒙古自治区零售企业的未来发展给予有利的产业支撑。零售企业的发展与物流行业的发展息息相关，随着网络零售的发展，零售业对物流的依赖更加严重，在传统的实体零售中，物流业只参与各级零售商之间的商品运输与临时仓储，而网络零售还需要将商品送到消费者的手中。物流产业的发展是一个地区网络零售快速发展的决定性因素，因此，加快物流产业的发展，对零售业的成长具有很大的推进作用。内蒙古自治区可以从以下几个方面来推进物流产业的发展。

（一）制定物流业发展规划

制定内蒙古自治区物流业的发展规划，合理使用资金，形成配套的综合运输网络、完善的仓储配送设施和先进的信息网络平台；规划建设一批大型的物流中心和配送中心，由点到线、由线到面，形成比较完整的物流网络，改变目前物流业各部门互不协调、重复建设的现状，以达到物流的合理化和物流整体效益的最优化，充分利用呼和浩特、包头等城市的地理位置优势和经济实力，建立一些大型的综合性物流中心和配送中心，形成一个比较完整的区域物流网络，从而推动物流业向集团化、联合化、规模化方向发展。

（二）建立规范化配送中心

建立规范化的配送中心，可以有效地实现物到人的转移，通过规范化的配送中心的建立，效率可以得到大幅度提高，从而达到降低成本的目的。无论是与国外相比，还是和国内其他省份相比，内蒙古自治区的配送比例都很低，尚不足40%。欧美发达国家的零售企业不断采用高新技术对企业进行有效的管理，它们通过物流配送中心对商品购销情况进行管理，加速信息的流通，加快资本周转，从而达到产供销一体化的目的。这样一来，就具有以下几点优势：流通环节减少、交易成本降低、规模效益扩大、企业利润增加。为此，内蒙古自治区在提高零售企业竞争力的时候，针对有条件的企业可以新建配送中心，拓宽业务范围，满足多种要求，从单一的储运向全方位、多功能的配送中心转变，不断地满足连锁企业规模化经营的要求。另外，提倡第三方物流的发展，秉承现代物流理念，以市场机制为导向，使物流企业不断根据市场需求改变自己经营上的观念，由此可以达到制度上创新，这对物流业的技术水平提高也有一定的作用。因此，在借鉴国内外发达地区零售企业先进经验的基础上，改善内蒙古自治区的物流实践，推动物流理论与实践的进一步融合，使零售企业的物流配送更加现代化、科学化。

（三）设立专门的企业为工业区与开发区提供第三方物流服务

零售业的特点就是将仓储、运输、加工、配送等功能结合到一起。位于工业区与开发区的零售业能够很好地运用第三方物流中心的服务来实现企业的发展。这种物流部门是消费者需求的集合点，可以有效利用优越的地理位置，依托已具有的物流业功能，通过信息服务平台与一整套服务性功能，给客户提供更全面的物流服务。

五、实施供应链管理，提高零售企业敏捷流通的能力

供应链的概念在 20 世纪 80 年代末提出，近年来随着全球制造的出现，供应链在制造业管理中得到普遍应用，成为一种新的管理模式。供应链管理是对供应链中的信息流、物流和资金流进行设计、规划和控制，从而增强竞争实力，提高供应链中各成员的效率和效益。它是在企业资源规划的基础上发展起来的，把公司的制造过程、

库存系统和供应商产生的数据合并在一起，从一个统一的视角展示产品制造过程中的各种影响因素，把企业活动与合作伙伴整合在一起，成为一个严密的有机体。实施供应链管理，可以帮助管理人员有效分配资源，最大限度地提高效率和减少工作周期，实现在正确的时间把正确的产品或服务送到正确的地方。

从企业财务成本管理的角度来看，其一，供应链管理可以降低采购成本，供应商能够方便地取得存货和采购信息，节约了采购人员的工资成本，而且由于采用无纸化订货管理，大大提高了效率，节省了订单管理成本。其二，供应链管理可以最大限度地降低存货水平。通过扩展组织的边界，供应商能够随时掌握存货信息，组织生产，及时补充，因此企业已无必要维持较高的存货水平，就既能生产出需要的产品，又不会形成存货堆积，从而降低存货持有成本。其三，供应链管理可以减少交易成本和获取信息的成本。用互联网整合供应链将大大降低供应链内各环节的交易成本，缩短交易时间，提高交易的透明度和信用，建立相互信任的伙伴关系。沃尔玛公司的成功也正是因为运用了供应链管理，降低了企业整体的经营费用，从而为其实施价廉物美的销售策略提供了保证，扩大了销售额，提高了企业的存货周转率，实现了敏捷流通的要求。所以零售企业实施供应链管理，可以达到财务成本管理的目标，实现最佳存货状态，从而更加有效地管理好企业的物流和资金流。目前，国际上一些著名的零售企业，如家乐福、麦德龙、凯马特、彭尼等在供应链实践中取得了巨大的成绩，使人们更加坚信进行供应链管理是进入 21 世纪后零售企业适应竞争的一种有效途径。

六、积极引进和培养人才

企业的核心竞争力越来越表现为对作为第一资本的人才的培养、拥有和运用能力。人才是推动企业健康发展的力量源泉，只有拥有了充足的人才，企业才能实现跨越式发展。因此，应该进一步加强对零售人才的培养。

首先，零售企业应转变观念，树立以人为本的理念，尽力满足消费者的需求，促使消费者利益、企业利润和社会效益的统一协调。同时，企业应该善待自己的员工，积极调动企业员工的生产能动性，不断开拓员工的潜能，鼓励他们树立敬业奉献的精神，逐步建立一支高素质的员工队伍来武装企业。为了解决内蒙古自治区零售企业高级管理人才稀缺、中层管理人员和普通一线员工素质偏低的问题，必须强化零售业专业人才的培养，重视零售企业的人力资源开发与培训。企业除了重视优秀人才的引进工作外，更重要的是加强企业内部员工的培训工作，这不仅包括对管理人员的培训，更包括对普通员工的培训以及员工的自我发展规划。零售企业也可以与有关大中专院校进行合作，加强对零售业专业人才的培养以及引进工作。另外，企业也应当鼓励员工利用闲暇时间进行自我学习，创造一种良好的学习氛围。其次，零售企业要根据公司的实际情况建立完善的、有竞争力的薪酬体系，高绩效企业往往通过薪酬提升竞争优势，吸引零售人才，为其营造良好的发展氛围，从而不断充实企业的人才队伍。

七、选择适当的业态战略

面对激烈的市场竞争，零售企业针对不同的消费市场而形成了不同的经营方式，即为零售业态。总体上看，零售业态分为有店铺零售业态和无店铺零售业态。若按照零售业态分类原则，则分为食杂店、便利店、折扣店、超市、大型超市、仓储会员店、百货店、专业店、专卖店、家居建材商店、购物中心、厂家直销中心、电视购物、邮购、网上商店、自动售货亭、直销、电话购物 18 种零售业态。国内外零售企业的成功经验表明，采取适当的现代零售业态，可以扩大企业的竞争优势。现代业态，即出现相对较晚，主要包括超级市场、购物中心、专卖店、仓储式商店等经营业态。现代业态战略对产品组合进行全新整合，对商品的摆放形式进行创新，同时采取全新的定价策略，以便更适应当今的市场消费变化，因此更具有竞争力。

内蒙古自治区零售企业业态构成尚处于现代化的初级阶段，传统的零售业态仍占据较大优势。因此，增强内蒙古自治区零售企业的竞争力，必须采取现代化的业态战略。首先，在各级市场优先发展新业态的门店，让消费者有机会体验全新的经营业态。其次，对那些传统业态的门店进行业务改造，效仿现代的零售企业进行升级。零售企业在业态战略中，一方面要注意保持自己的主力业态竞争优势，在合适的时机选择多业态战略；另一方面要注意业态分布的合理性，避免在同一商圈出现多个同类型业态的店面，从而减少市场份额，降低企业的营业额。

八、积极实施品牌发展战略

面对日益激烈的市场竞争，零售企业也应充分认识到，只有走特色经营之路，实施自有品牌战略方能培养起自身的核心竞争力。零售企业要有自己的品牌，品牌建设应从基础做起，逐步完成品牌的孕育—培育—创立—传播的过程。一些起步晚、规模小的零售企业，可以在局部范围里面树立起自己的口碑，然后慢慢地树立自己的企业品牌，进而通过品牌战略，树立零售业在消费者心中的良好形象。内蒙古自治区目前的知名零售企业的自有品牌，屈指可数，远远不能满足适应内蒙古自治区经济社会发展的客观需求，突出表现在缺少高知名度品牌。不仅仅是在内蒙古自治区，这一问题在国内市场和国外市场都较为突出。对此，我们应该给予高度的重视，积极实施品牌发展战略应重点做好以下几点：一是制定一个长远的战略规划，形成一个长效的发展机制。二是脚踏实地，夯实基础，以质取胜。三是充分发挥广大消费者的作用，让更多的社会群体参与到品牌发展战略当中，不断推进品牌的逐步升级。此外，与区外的零售企业相比，内蒙古自治区的名牌企业在许多方面，尤其是在资金和管理方面还存在着很大的差距。所以，要加大对资金和管理方面的投入。

参考文献

[1] 安伟娜．零售业竞争力综合评价指标体系研究［D］．天津大学硕士学位论文，2012.

[2] 曹军．基于DEA模型的中国批发业和零售业运行效率分析［J］．商业时代，2014（8）：4－5.

[3] 陈芳芳．内蒙古自治区零售业竞争力研究［D］．河北农业大学硕士学位论文，2011.

[4] 陈娇．连锁零售供应链竞争力评价研究［D］．湘潭大学硕士学位论文，2015.

[5] 程云云，汪晓莉，杨景陆．零售企业核心竞争力研究——以苏宁云商为例［J］．全国商情，2015（12）：27－29.

[6] 符静，孙彬彬．基于DEA连锁零售业的效率评价［J］．经济研究导刊，2007（6）：126－127.

[7] 宫安铭，陈学胜．零售企业竞争力评价体系构建与实证研究——以山东省零售企业为例［J］．价格月刊，2013（2）：90－94.

[8] 韩雄兵．山西省零售业竞争力评价与发展对策研究［D］．山西财经大学硕士学位论文，2017.

[9] 洪玉琼，张浩．提升广东零售企业的竞争力［J］．经营与

管理，2011（12）：120－122.

［10］胡晓娅．湖北省零售业竞争力的实证研究［D］．武汉轻工大学硕士学位论文，2016.

［11］黄群．基于DEA方法的福建省零售业经济效率评价［D］．福州大学硕士学位论文，2011.

［12］匡敏，曲玲玲．我国零售企业竞争力优势的创新构建［J］．商业经济研究，2018（4）：104－106.

［13］李晓兵．内蒙古自治区零售业发展水平测评与提升策略——基于主成分分析和因子分析［J］．呼伦贝尔学院学报，2013（4）：95－99.

［14］李铸运．四川省内江市零售企业竞争战略研究［D］．四川师范大学硕士学位论文，2013.

［15］廖冬艳．成都市批发零售产业竞争力分析——基于波特“钻石模型”的研究［D］．西南财经大学硕士学位论文，2012.

［16］刘洋．新疆零售业竞争力评价研究［D］．新疆大学硕士学位论文，2013.

［17］刘莹．我国零售业技术效率区域差异研究［D］．首都经济贸易大学硕士学位论文，2018.

［18］刘勇，汪旭辉．对全国30个地区零售行业效率的分析［J］．统计与决策，2007（9）：75－77.

［19］路思明，王建府．基于成本效率DEA模型的我国零售业可持续发展研究［J］．中国市场，2017（6）：106－107.

［20］马惠．河南零售业竞争力的实证研究［D］．郑州大学硕士学位论文，2006.

［21］孙湘玉．商业模式创新对零售企业竞争优势的影响研究

[D]．东北石油大学硕士学位论文，2018.

[22] 田晶晶．我国零售业经营模式创新研究 [D]．重庆工商大学硕士学位论文，2013.

[23] 王珂．辽宁省零售业竞争力发展水平综合评价 [D]．辽宁大学硕士学位论文，2013.

[24] 王晓兰．我国零售业效率实证分析 [D]．西南财经大学硕士学位论文，2011.

[25] 魏国伟，狄浩林．新零售企业竞争力评价指标体系研究 [J]．经济问题，2018 (6)：75－80.

[26] 翁柳柳．河南省零售业竞争力评价及对策研究 [D]．河南大学硕士学位论文，2018.

[27] 翁洋．江苏省零售业竞争力的实证研究 [D]．南京财经大学硕士学位论文，2013.

[28] 吴刚．重庆零售业竞争力研究 [D]．重庆工商大学硕士学位论文，2014.

[29] 徐俊杰，单敏飞．基于价值链分析的零售企业核心竞争力提升 [J]．河北工程技术高等专科学校学报，2016 (9)：70－75.

[30] 叶超，尹亮，李洁．内蒙古自治区零售业现状分析及发展对策——以呼包鄂三市为例 [J]．内蒙古自治区电大学刊，2010 (4)：14－16.

[31] 曾成．湖南省零售业竞争力评价与影响因素研究 [D]．山西财经大学硕士学位论文，2018.

[32] 张堃，张志超．论大型零售企业的核心竞争力 [J]．商业研究，2008 (2)：212－213.

[33] 张丽娜．基于 DEA 模型的泛珠三角地区零售业经营效率

研究［J］. 特区经济，2016（4）：25－29.

［34］张勇进. 京津沪渝零售业效率评价及其影响因素研究［D］. 重庆工商大学硕士学位论文，2013.

［35］张泽舒. 我国连锁零售业竞争力分析［D］. 首都经济贸易大学硕士学位论文，2013.

［36］张志浩. 互联网环境下零售企业核心竞争力评价研究——以S公司为例［D］. 河南大学硕士学位论文，2018.

［37］赵俊仙. 基于钻石模型的零售企业竞争力优势构建［J］. 商业经济研究，2018（13）：116－119.

［38］祝耀，刘庆林. 基于DEA模型的山东省批发和零售业经营效率研究［J］. 山东财经大学学报，2014（4）：89－95.